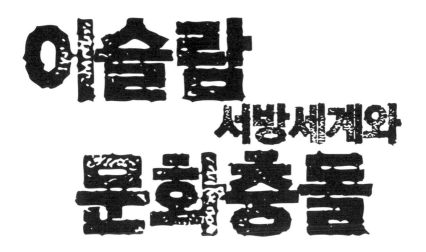

이슬람 서방세계와 문화충돌

마크 A. 가브리엘 지음 / 최상도 옮김 / 4HIM 감수

Culture Clash-Islam's War On The West

이 도서의 국립중앙도서관 출판시도서목록(CIP)은
e-CIP홈페이지(http://www.nl.go.kr/ecip)에서 이용하실 수 있습니다.

국립중앙도서관 출판사 도서목록(CIP)

문화충돌(서구에서 벌이는 이슬람의 전쟁) / 마크 A. 가브리엘 지음 ;
최상도 옮김. 서울 : 글마당, 2009
304p. ; 223×152cm. -- (이슬람이 몰려온다 ; 6)
원표제: Culture Clash-Islam's War On The West
원저자명: Mark A. Gabriel
ISBN 978-89-87669-52-6 93230 : \14000
ISBN 978-89-87669-48-9(세트)

문화[culture]충돌[Clash]
285.83-KDC 4297.272-DDC21 CIP2009001170

저자의 한국인 독자들을 위한 헌사

To the Great and wonderful people of Korea,
It's my honor to present to you the Korean translation of my book-,
『CULTURE CLASH-ISLAM'S WAR ON THE WEST』and I pray that you
will find it easy to read and a source of learning and encouragements.
You're Servant Mark A Gabriel. Ph. D.

위대하고 놀라운 대한민국 국민들께
본인이 저술한 책『이슬람, 서방세계와 문화충돌』이 한국어로 번역 출판되었음을
영광으로 생각하며, 여러분들이 쉽게 읽을 수 있도록 썼으니 이 책을 통해서 유익한
정보를 얻고 격려 받을 수 있기를 기도합니다.
여러분들을 섬기는 마크 A. 가브리엘 박사

이슬람에 생소한 독자를 위한 도움말

    우리말 번역을 위한 성경은 별도의 언급이 없는 한 개역개정판을 인용했다. 우리 말 번역에는 저자가 인용한 꾸란의 영어 원본을 사용하였으며, 편의를 위하여 인용된 원본 명칭은 생략했다. 더불어 독자의 참고용으로, 원저자가 인용한 꾸란의 의미의 영어 번역본은 저명한 무슬림 학자들의 작업으로 이루어진 것으로서 별도의 언급이 없는 한 성경(저자의 영문성경)의 인용은 저작권 1973, 1978, 1984년의 국제성서위원회의 허가를 득하여 NIV에서 행했다(저자의 주).

    저자가 인용한 엉문 꾸란은 다음과 같다.

1. 사우디아라비아의 '빛의 도시' 메디나에서 1998년도에 사우디아라비아 왕국의 왕 파아드에 의하여 발행된 『성 꾸란』의 의미 및 주석의 영어번역에서 인용한 것으로서 Muhammad Taqiud Din al Hilal i(무함마드 타끼우드 딘 힐랄리) 박사와 Muhammad Mushin Khan(무함마드 무신 칸)박사의 번역본.

2. Abdullah Yusef Ali(압둘라 유세프 알리)의 번역본
   (Elmhurst, NY: Tahrike Tarsile Quran, Inc., 2001)으로서 꾸란7판에서
   인용(알리 역).
3. M.H. Shakir의 성 꾸란의 영어 번역본(Elmhurst, NY:
   Tahrike Tarsile Quran)(샤키르 역).
4. M.M. Pickthal이 번역한 성 꾸란(Asia Book Corporation of
   America, January 1990)의 번역본(피크탈 역).
5. 한국어 꾸란에서 말하는 선지자나 예언자 무함마드는 영어
   에서 보통으로 쓰이는 메신저로 통일하였으며, 여기에서 메신
   저는 단지 의미 전달에 불과하며 무함마드는 이슬람의 창시자
   임이 역사적 사실이므로 이슬람의 창시자 무함마드로 표현하
   기도 하였다.
6. 페트라 굴렌 등 이슬람학자들은 성경에서 말하는 하나님은
   영어로 God이나 이슬람에서 말하는 알라(한국의 무슬림학자들의
   주장)는 God가 아니므로 알라와 하나님은 다른 신임을
   밝히고 있다.

Contents

프롤로그

흔히 '이슬람'을 가리켜 '평화를 가르치는 종교'라고 말한다. 그러나 사람들은 그리 어리석지 않아서 이슬람 원리주의자 (또는 원리주의적 근본주의자)들이 세상 곳곳에서 벌이고 있는 다양한 형태의 테러 행위를 목격하면서 '이슬람의 교리 가운데는 이러한 행위에 기름을 끼얹고 있는 어떤 무엇이 틀림없이 있을 것이다!'라는 생각을 갖게 될 것이다.

이 책의 저술 목적은 이슬람 원리주의자들이 세상을 상대로 일으키고 있는 이런 전쟁이 오로지 서방의 외교정책에 대항하기 위해서 일으키고 있는 단순한 전쟁이 아니라, 서방문화와 무함마드가 창시한 이슬람문화 즉 이 두 문화가 절대로 상호공존 할 수 없기 때문에 발생할 수 밖에 없는 필연적 전쟁이라는 사실을 이해시키는데 있다.

서방인들의 눈에는 이런 종류의 분쟁은 별 의미가 없는 것으로 보이기도 할 것이다. 서방사회에서는 관용을 가장 가치있는 덕목으로 취급하기 때문이다. "나는 나대로 너는 너대로 사는 삶" 이라는 말에 충실한 사람들이 곧 서방인들이다. 그러나 이런 감상적인 말은 이슬람의 교리 안에서는 절대로 통하지 않는다.

전쟁이란 당연히 총, 탱크 그리고 정보전 등으로 치러지게 마련이지만 또 다른 한편에서는 종이에 인쇄된 문자에 의해서도 치러지고 있다.

연막전술

중동출신 인사들의 말을 들을 때 나를 가장 안타깝게 만드는 것 중의 하나가 이슬람을 가리켜 평화의 종교라고 주장하는 말을 듣는 일인데, 이는 이슬람에 대해서라면 적어도 그가 나보다는 진실에 더 정통할 것이라고 생각하기 때문이다. 그는 이슬람을 선한 종교로 보이게 하려고 의도적으로 거짓말을 꾸며대고 있는 것인데도 서방인들은 이런 연막전술에 잘 말려들고 있는 것을 보게 된다. 왜냐하면 서방인들은 긍정적인 말을 듣기를 좋아하는 성향을 가지고 있기 때문이다. 그렇지만 '되어가고 있는 일의 모습이, 되어 주었으면 하고 바라는 일의 모습' 과는 사뭇 다르게 진행되고 있다는 느낌이 들 수밖에 없다.

예를 들면 서방인들은 이슬람 원리주의자들이 꾸란과 무함마드의 교리를 모두 왜곡하고 있다고 믿고 싶어 하지만 사실은 그들이야말로 이슬람을 진실 그대로 보여주고 있는 사람들이다. 서방인들은 '이슬람은 용서와 사랑의 종교라고 특징 지을 수 있으며 전쟁을 일으키고 있는 원리주의자들은 그들 중 극히 일부에 지나지 않을 것이다'고 믿기를 원한다. 그러나 꾸란을 읽어보라.

이 책은 거의 전쟁에 대한 이야기로 가득 채워져 있으며 사실 용서와 사랑에 대한 내용은 지극히 일부에 지나지 않는다(꾸란은 뒤에 나온 교리에 의해 처음의 교리가 취소되는 만수크 교리가 있음을 기억해야 한다 - 편집자 주).

이집트에서 태어나 36세가 될 때까지 헌신적인 무슬림으로 살아온 나로서는 독자들을 향하여 거짓말이나 늘어놓고 싶은 마음은 추호도 없다. 나는 12세에 이미 꾸란을 모두 암송했다. 이후 나는 알 아즈하르 대학에서 철학박사학위를 받았으며, 그곳에서 강의도 했다. 그리고 나는 이슬람사원의 이맘(Imam)이었다. 그럼에도 불구하고 결국 나는 내 자유의지에 따라 이슬람을 거부하기로 결심했으며 당연히 생명을 보존하기 위하여 조국을 떠나야만 했다.

물론 내가 하는 말을 곧이 곧대로 다 믿을 필요는 없다. 다만 나는 다른 저서를 통해서도 그랬듯이 이 책을 통해서도 꾸란과 소위 하디스(Hadith)라고 불리는 무함마드의 언행록에서 인용한 내용을 그대로 실어 놓았기 때문에 독자들은 스스로 사실 여부를 통찰해 볼 수 있을 것이며 따라서 자신만의 결론을 이끌어 낼 수도 있을 것이다. 이 외에 다른 책과 자료도 읽어 보고 비교해 보기 바란다. 그렇게 함으로써 정확한 근거에 바탕을 둔 스스로의 관점을 세워보기를 바란다. 다만 '일이 되어가고 있는 현재의 모습'에서는 우리가 '되어 주기를 바라는 그런 이상적인 모습'은 아마 발견할 수 없을지도 모른다는 사실만은 꼭 염두에 두어야 할 것이다.

무슬림의 구분

사람들이 이슬람의 교리를 깊이 있게 배우고 나면 보통은 분노가 치솟게 되는데 이러한 분노는 당연히 이슬람의 교리 자체에 대해서만 나타나야 함에도 불구하고 오히려 이슬람교도, 즉 무슬림들을 겨냥하여 쏟아내는 게 문제다.

이슬람의 교리와 이슬람의 신앙적 실천 사이에는 엄청난 차이가 존재한다. 그러므로 이슬람의 교리에 대한 분노와 거부감을 무슬림들에게는 쏟아내지 않기를 바란다. 무슬림들은 이미 이슬람 그 자체로 인하여 고통이라면 받을 만큼 받고 있는 사람들이기 때문이다.

무슬림들이 무엇을 신봉하고 있으며 무엇을 기꺼이 실천하려 하는가에 의해서 그들을 분류하여 놓고 바라본다면 그들을 이해하는 데 도움이 될 것이다. 무슬림들은 다음과 같이 분류할 수 있다.

- 진보적인(개방적인) 무슬림
- 세속적인 무슬림(일반 또는 중도적 무슬림)
- 헌신적인 무슬림
- 원리주의 무슬림(급진적, 과격한)

이러한 구분은 각 사람들이 어떻게 행동하느냐를 기준으로 구별한 것이다. 나의 견해로는 어떤 한 사람을 놓고 '이 사람은 마땅히 이 부류에 속해' 라고 단정 짓는 것은 거의 불가능할 것 같다. 그럼에도 불구하고 독자가 이슬람의 세계를 어떻게든지 이해하기를 원한다면 적어도 이러한 부류가 그 세계에 존재하고 있다는 사실만은 알고 있어야만 한다.

진보적 무슬림

대개 엔지니어, 의사, 법률가, 기자 등 고등교육을 받은 사람들이 이 부류에 속한다. 이들은 이슬람에 대한 신앙고백은 했지만 이슬람이 현대화되기를 원한다. 이 사람들은 원리주의자들을 향하여 반대하는 목소리를 내며, 기꺼이 서방세계를 두둔한다. 이 사람들은 무슬림 국가와 이스라엘 사이에 평화가 정착되도록 활동을 벌이기도 한다.

진보적 무슬림은 라마단 기간의 금식이라든지 하루에 다섯 번 드려야 하는 기도도 지키지 않는다. 이들은 서방의 복장을 하고 서방세계의 음악을 듣는다. 그들은 이슬람의 교리에 지배를 받지 않는다.

이슬람 국가에 살고 있는 개방적 무슬림의 비율보다는 주로 서방세계에 살고 있는 개방적 무슬림의 비율이 더 높다고 보는데 나의 추산으로는 전 세계의 무슬림 중 약 5퍼센트 정도가 이 범주에 속한다고 할 수 있겠다.

일반 또는 중도적 무슬림

이러한 사람들은 자신의 신념에 의해서라기보다는 그저 문화와 전통에 따라서 당연히 무슬림이 된 사람들이다. 이 부류의 무슬림들은 보통 이슬람의 교리에 대하여 깊은 지식을 가지고 있지 못하기 때문에 금식, 기도, 이혼 등 어려운 문제가 닥치면 무슬림사원의 이맘에게 찾아와서 해당 이슬람 율법에 관하여 일일이 물어보아야 한다(이와는 달리 헌신적 무슬림들은 그 답을 이미 잘 알고 있다). 중도적 무슬림들은 입양(養子)하는 것을 금지하는 율법이나 히잡(hijab)에 관한 율법은 알고 있으나 이러한 율법이 유래된 이유(나는 이 책에서 이와 관련된 여러 이야기를 하게 될 것이다)는 모른다.

이들은 비록 이슬람 율법을 깊이 있게 알고 있지는 못하지만 자신이 무슬림임을 분명하게 느끼며 그럼에도 불구하고 지하드(jihad)에 참여하기는 거부한다. 이들은 원리주의자들이 세계 곳곳에서 무슬림 형제들을 학살하며 이슬람의 명예를 실추시키고 있는 것에 혐오감을 느낀다. 이들은 여성이 신실한 무슬림이 되고 싶다면 몸을 가려야 하고 또 집안에만 머물러 있어야 한다는 율법도 따르지 않는다.

전 세계에 있는 대부분의 무슬림은 이 부류에 속한다고 할 수 있다. 이들은 서방세계에 살고 있는 무슬림일 수 있으며 마치 기독교의 가르침과 유사한 평화를 가르치는 이맘이 이끄는 개방적 사원에 나간다. 이들이 가진 신앙 지식은 거의 이맘이 가르치는 교리에 한정되어 있다. 또 이들은 일반 또는 중도적 정부가 다스리는 이슬람 국가에 살고 있는 무슬림일 수 있다. 또 이들은 이슬람에 대한 지식이 매우 제한적인 비(非)아랍국가에 살고 있는 무슬림들일 수도 있다. 이들은 혼자서는 꾸란을 읽고 이해하지 못한다.

많은 중도적 무슬림들은 9·11 사태를 겪으며 자신들의 신앙에 대하여 다시 한 번 생각하게 되었다. 이들로서는 꾸란이 저들의 테러를 정당화하는데 사용될 수도 있다는 사실이 도무지 믿기지를 않았다. 좋은 예가 아얀 히르시 알리(Ayaan Hirsi Ali)의 경우이다. 알리는 『이교도(Infidel)』의 저자이며 미국으로 이주하기 전에는 덴마크의 의회의 국회의원이기도 했다(네덜란드에서 '아얀 히르시 알리' 가 저술한 책을 세계적 화가 '빈센트 반 고흐' 의 증손자인 네덜란드 국민감독 '테오 반 고흐' 가 「굴욕」이라는 독립영화를 만들었는데 내용중에 '꾸란' 을 모욕한 장면이 있었다는 이유로 '테오

반 고흐'를 길거리에서 백주대낮에 정육점 칼로 '부바리' 라는 무슬림 청년이 처참하게 살해했다 -편집자 주). 소말리아 태생인 그녀는 매질을 가하거나 무함마드의 언행을 들어가면서 이슬람을 따르도록 강요하는 가정에서 성장했다. 그러나 '알 카에다(Al Qaeda)'가 미국을 공격하기 이전에는 여전히 이슬람을 신봉하고 있었다. 그녀의 고백이다.

9월 11일 이후 드디어 내게 진실의 순간이 찾아왔다. 나는 여기 저기 걸려 있던 '빈 라덴(bin Laden)'의 선전 구호들을 걷어 내린 후 이런 주장이 정말로 '꾸란'에 기록된 말들인지를 알아내기 위하여 '꾸란'과 일일이 대조해 보기 시작했다. 그러나 이것이 어찌된 일인가! 모두 기록되어 있었다. 깊이 실망한 나는 끝없는 고뇌에 빠지고 말았다.[1]

다른 많은 중도적 무슬림들이 9·11사태 이후에 거의 동일한 경험을 했다. 그들은 꾸란을 들여다보며 원리주의자들이 '꾸란'을 올바르게 인용하고 있는지 검증하기 시작했다. 결과는 놀랍게도 그들이 주장하는 것들은 모두 꾸란에 기록되어 있는 그대로였다. 나는 중도적인 무슬림들이 이슬람의 교리를 더 자세하게 알고 있어야 한다고 믿는다. 그들은 무함마드가 짜놓은 실례들을 충분히 이해한 후 그것들이 정말로 자신들을 위하여 본받아도 좋은 모범 사례들인지를 결정해야만 한다.

몇 퍼센트의 무슬림들이 이 일반 또는 중도적 그룹에 속할지를 정확하세 말하기는 불가능하지만 내 추신으로는 전 세계적으로 약 75퍼센트 정도를 차지하고 있으리라고 본다. 물론 대표적인 무슬림

---

1. Eve Conant, "A Bombthrower's Life," Newsweek , February 26, 2007, http://www.msnbc.msn.com/id17201010/site/newsweek/(accessed May 22, 2007). Ali currently works at a conservative think tank in the United States, protected by armed bodyguards paid for by the Dutch government.

국가인 이집트나 더욱 원리주의적 국가인 이란보다는 서방의 국가가 중도적 무슬림들의 비율이 더 높다는 것을 알게 될 것이다. 당연히 이집트나 이와 유사한 국가들에서는 헌신적 무슬림의 비율이 높은 반면 중도적 무슬림의 비율이 낮기 때문이다.

또 몇몇 사람들은 서방세계에서 살고 있는 무슬림들은 무슬림 국가에서 살고 있는 그들과는 무척 다를 것이라고 생각하는 경향이 있다. 그렇지만 그러한 판단은 잘못된 것이다. 내 관점에서는 서방의 무슬림과 중동의 무슬림 사이에는 별 차이가 없다. 서방에 거주하고 있는 무슬림들은 다른 나라의 무슬림 사회와 연대의식을 가지고 있어서 가정에서는 아랍어를 사용하고 있으며 음식도 모국에서 먹던 것과 동일한 것을 먹는다. 몇몇 여인들은 '히잡'을 착용하며 어떤 남자들은 수염을 길게 기른다. 또한 서방세계의 이슬람 사원과 중동의 사원간에는 아무런 차이가 없다. 무슬림들은 옷은 바꾸어 입을지언정 문화는 바꾸지 못한다. 종교와 문화가 그들의 삶 속에 견고하게 묶여있기 때문이다.

헌신적 무슬림

헌신적 무슬림들은 이슬람의 교리에 의해 살기 위하여 부단한 노력을 기울인다. 그들은 하루에 5번씩 반드시 기도하며 '자카트'를 내고 라마단 기간 동안에는 금식의 율법도 지킨다. 이 사람들은 아마도 무슬림 가정에서 태어나 무슬림 사회나 그런 국가에서 성장했을 것이다. 이러한 사람들은 '꾸란'과 '하디스'를 스스로 읽거나 완벽한 이슬람의 삶의 모습을 제시해주는 종교 지도자의 교리에 귀를 기울인다. 이러한 종류의 무슬림들은 여성, 배교, 성관계, 중상모략,

살인, 지하드 등에 관한 이슬람 율법을 잘 안다.

이런 사람들은 결단의 언저리에서 살아가고 있는 사람들이다. 그들은 이슬람의 교리를 잘 알고 있으며 교리대로 살아가기 위하여 열심히 노력하고는 있지만 아직은 모든 이슬람 율법을 실천하겠노라고 서약하지는 않은 상태에 있다. 내가 '카이로'의 '알 아즈하르' 대학에서 연구와 교수직을 겸하고 있을 때 나는 아마 이러한 부류에 속해 있었을 것이다. 나는 꾸란을 모두 외웠기 때문에 이슬람의 교리에 대하여 잘 알고 있었다. 나는 '하디스'도 일부 외웠으며, 중요한 무함마드의 역사도 모두 섭렵했다. 나는 무함마드가 무슬림들에게 무엇을 요구하고 있는지도 이해했다. 그러나 나는 그것 모두를 실천하리라고 생각하지는 않았다. 나는 물건을 훔쳤다고 해서 도적질한 사람의 손을 자르거나, 이슬람을 떠났다는 이유로 배교자를 사형에 처하는 등의 모습은 보고 싶지 않았기 때문이다.

이집트 국민 대부분이 나와 같은 입장을 가지고 있기 때문에 이집트에서는 이슬람 법률을 채택하고 있지 않다. 그렇지만 이집트 내에서라면 길거리에 지나가는 사람을 아무나 붙들고 '당신은 무함마드의 교리와 꾸란을 믿느냐?'고 물어보라. 아마 그는 그렇다고 대답할 것이다.

이것이 헌신적 무슬림의 모습이다. 즉 그들은 모든 것을 알고 있으며 믿고 있으나, 모든 이슬람의 율법의 실천 문제에 이르면 주저한다. 이 사람들은 육체적인 지하드에 참여하는 데에도 소극적이다.

확실하게 헌신적 무슬림이 몇 퍼센트인가를 단정하기는 불가능하지만 이집트의 예를 보면 약 3퍼센트의 무슬림이 헌신적 무슬림이라고 생각한다. 이집트는 아마 이 세상에서 가장 대표적인 무슬림 국가일 것이다. 원리주의에 더 치우쳐있는 국가인 이란의 경우 이런 무슬림의 숫자는 40퍼센트를 넘는다. 전 세계적으로 본다면 내 추측으로는 약 20퍼센트 정도, 아니면 그보다 약간 상회하는 숫자의 무슬림들이 이 범주에 속할 것이다.

원리주의 무슬림

이들은 이슬람의 교리를 잘 알고 있고 그것을 신봉하면서 또한 실천하는 사람들이다. 언론에서는 이러한 사람들을 일컬어 원리주의자 또는 원리주의적 근본주의자들이라고 칭한다. 원리주의란 용어를 '근원적으로 무함마드의 교리로부터 벗어난' 이라는 개념으로 뜻을 파악해서는 절대 안 된다. 오히려 이 말은 이 부류의 무슬림들이 취하는 행동 노선을 보고 일컫는 용어라는 점을 알아야 한다.

원리주의 무슬림들은 내가 이 책에서 설명하고 있는 바와 같이 이슬람 율법을 하나도 빠짐없이 철저하게 이행하기를 원한다. 또한 이들은 이슬람 생활방식이 완벽하게 구현될 수 있는 장소를 이 지구상에 창조하기 위하여 '무함마드'가 보여준 '지하드'의 모범을 따른다.

헌신적 무슬림은 이러한 원리주의 무슬림이 무함마드가 규정해 놓은 생활방식에 의해서 살고 있다는 점을 알고 있다. 헌신적 무슬림은 일정한 압력이 가해지면 선을 넘어 원리주의 무슬림으로 변화될 수 있다. 최근에 보인 이러한 실례로는

- 미국이 주도한 아프가니스탄 및 이라크 침공
  무슬림들은 이 전쟁을 이슬람 종교에 대한 공격으로 인식했다.

그 결과 헌신적 무슬림들은 이 공격으로부터 이슬람을 보호하기 위하여 원리주의 무슬림 대열에 참여할 것이다.

■ 미국과 서방세계가 행한 이슬람에 대한 학대
그들은 '관타나모 수용소'와 '아부 그라이브' 수용소에서 미국 병사들이 행한 이슬람 포로학대 또는 CIA가 행한 테러 피의자의 납치에 관한 보도를 접하면서 분노했다. 이러한 보도 가운데 일부는 이슬람 매체가 의도적으로 부풀려 놓은 경향이 있다고는 하지만 어쨌든 이것은 헌신적 무슬림들로 하여금 원리주의 진영에 참여하게 되는 동기가 되었다.

■ 중동 정부가 보이는 헌신적 무슬림 및 원리주의 무슬림들에 대한 부당한 조치
중동 국가의 정부에 의해 헌신적 무슬림 및 원리주의 무슬림 들이 탄압을 받으면 헌신적 무슬림들은 이에 대항한다.

■ 무슬림 국가의 서방화 및 현대화
예를 들면 이집트, 레바논, 시리아에 살고 있는 헌신적 무슬림 들은 자신들의 나라가 서방문화에 영향을 받는 것을 목격하고 있다. 이들은 자국 여성들이 더 많은 자유를 누리게 되었으며 히잡을 벗어 버린 모습을 보고 있는데 이들의 눈에는 이것이 대단히 불명예스러운 것으로 비친다. 따라서 이슬람의 율법과 문화를 되살리기 위하여 이들은 원리주의 이슬람에 동참하여 투쟁한다.

■ 이슬람을 비난하는 글을 저술하는 무슬림 작가

헌신적 무슬림들은 개방적 무슬림들이 이슬람의 교리와 이를 실생활에 적용하는 것에 대하여 의문을 던지는 행위를 더 이상 참아내지 못한다. 이런 종류의 글이 지역 신문이나 책 또는 이 외의 보도매체에 실리면 헌신적 무슬림들은 이에 대항하는 조치를 취한다.

■ 이슬람을 위한 전쟁에서 동료를 잃을 때
헌신적 무슬림들 중에는 정부의 학대에 대항하여 싸우다가 또는 이라크와 같은 장소에서 전쟁 중에 사망한 원리주의 무슬림 친구를 가지고 있는 사람들이 있을 수 있는데 이러한 사람들에게는 친구의 죽음이 자신들을 원리주의 무슬림으로 변화되게 만드는 빌미가 된다.

원리주의 무슬림을 이해하고자 할 때 때로는 이들이 마치 경제적으로 매우 궁핍한 처지에 놓여 있기 때문에 미래에 대한 희망이 없어서 궁여지책으로 자신들의 생명을 팔아 압제자들과의 투쟁에 나선 사람들 쯤으로 치부하는 잘못된 고정 관념을 가지고 있는 경우가 있는데, 보통의 무슬림들이 원리주의 무슬림이 되는 데는 물론 경제적인 부분도 한 몫 하는 것이 사실이지만 이것이 전적인 이유는 결코 아니다. 진정한 이유는 다름 아닌 종교 그 자체인 것이다.

7세기에 무함마드가 실천했던 이슬람의 생활 율법은 21세기에는 전혀 들어맞지 않는다. 이것이 곧 이슬람 원리주의의 비율이 전 세계적으로 약 2퍼센트 밖에 되지 못하는 이유이다. 물론 무슬림 국가에서는 서방의 무슬림에 비하여 이 비율이 다소 높을 수 있다. 이란의 경우라면 인구의 약 10퍼센트를 조금 못 미치는 비율이 원리주의 무슬림의 비율이 될 것이라고 추측한다. 숫자로 환산하면 약 5백~6

백만 명이 될 것이다. 이집트의 경우에는 무슬림 인구의 약 5퍼센트가 원리주의 무슬림이라고 생각한다. 이집트의 인구가 8천만 명인 점을 고려한다면 원리주의 무슬림의 숫자는 4백만 명쯤이 되는 셈이다. [2]

무슬림 국가

전 세계 인구의 약 20퍼센트가 무슬림 국가이다. 무슬림국가연맹 (The Muslim World League)은 무슬림국가들의 연맹체인데 50개국 이상의 회원국으로 이루어져 있다. 이런 국가들은 전 세계에 걸쳐 퍼져 있으며 주로 아프리카, 아시아, 유럽에 속한다. 이들 국가 중 22개국에서 아랍어를 사용한다(다음 쪽의 지도를 참조하라 원서 21p).

어느 한 국가에 미친 영향은 다른 국가로 전파된다. 다시 말해 어느 한 국가에서 고무적인 일이 발생하면 다른 국가에서도 역시 동일한 현상이 재현된다. 이들 국가는 정치·경제적으로 독립국가이지만 사실은 좀 더 강력한 것 즉 이슬람 종교라는 영향력 아래 강력하게 결집되어 있다. 이들은 역사, 감정 그리고 자기들이 믿고 예배 드려온 방식으로 함께 묶여져 있다. 그들이 취하는 행동을 보면 여러분들은 어렵잖게 "이건 50개가 넘는 많은 국가를 이야기하고 있는 것이 아니라 오직 하나의 국가를 보고 있는 격이구나" 라고 느껴질 것이다. 예를 들면 여러분이 어느 금요일에 이들 국가 중 한 국가를 여행하고 있다고 하자. 예외 없이 도시의 중심에서는 이슬람 사원을

---

2. The CIA World Factbook, "Egypt£" https://www.cia.gov/ library/ publications/the-world-factbook/print/eg.html (accessed June 4, 2007).

하나 발견하게 될 것이다. 그들의 사회생활이나 문화를 관찰해 보면 모든 국가에서 참으로 놀라운 동질성을 발견하게 될 것이다.

도대체 왜 그들은 그리도 닮아 있을까? 모든 무슬림들은 자신들의 생활을 통하여 오로지 한가지의 원칙만을 고집하며 살아가고 있기 때문이다. 즉 꾸란과 무함마드의 삶이다. 그러므로 이 책에서 제일 처음 시도해야 할 일은 무함마드가 어떻게 7세기의 아라비아에 이슬람 문화를 정착시켜 놓았는지를 살펴보는 일이다. 무함마드라는 사람이 1400년이라는 장구한 세월을 지나도록 거의 변하지 않은 채 그대로 유지될 만큼 강력한 문화를 창시해 놓았다는 사실을 이해한다면, 이 사람이야말로 인류 역사 상 가장 영리한 지도자 중의 한 사람이라는 사실을 인정하지 않을 수 없을 것이다.

알 아즈하르 대학에서 10년간을 이슬람의 생활과 문화를 연구하는데 몰두해온 학자로서 나는 꾸란과 무함마드의 언행 가운데서 관련된 정보를 독자들에게 곧바로 인용해 줄 것이며 이슬람세계가 서방세계와 부딪히는 과정에서 발생하는 이 두 이질적인 문화 사이에서 벌어지고 있는 충돌의 현장으로 여러분을 안내 할 것이다.

〈이슬람 국가 분포도〉

SECTION 1

이슬람 문화의 출현

제1장
무함마드의 작품인 이슬람 문화

　이슬람은 다른 모든 세계적인 주요 종교들과 어떤 점에서 차이가 있는가? 무함마드는 신앙을 문화에 접목시켰다. 다른 말로 표현하자면 여러분이 만약 무슬림의 세계를 바라본다면 이슬람은 곧 문화이며 문화 또한 이슬람이라는 사실을 즉시 간파하게 될 것이다.

　"잠깐! 무슬림 국가들 간에도 문화의 다양성은 있습니다."라고 여러분은 되받을 것이다. 물론 여러분이 일부 어떤 분야에서는 그런 다양성을 발견할 수 있을 것이라는 말에 동의한다. 예를 들면 아랍어를 구사하는 국가는 꾸란을 원전으로 읽을 수 있으므로 그들은 비아랍어권에 속한 국가와 비교하였을 때 이슬람의 교리를 더 깊이 이해할 수 있을 것이다. 그러나 모든 이슬람 국가가 공유하는 문화가 존재하고 있는데 이는 무함마드 시대에 만들어 놓은 시스템에 기반을 두고 있다는 점이다.

　이슬람의 창시자인 무함마드는 인류 역사에서 가장 영리한 인물

중 하나였다. 그는 문화가 혼합되어 있는 종교를 창시하여 새로운 삶의 방식을 만들어 냈다. 실제로 무슬림은 이것을 이해하고 있으므로 언제나 "이슬람은 삶의 종교이며 종교가 곧 삶이다" 라고 주장한다.

이런 관념은 곧바로 정치에도 적용된다. 그렇기 때문에 무슬림은 주저 없이 "이슬람은 종교이며 곧 국가다" 라는 말도 한다. 달리 표현하자면 일반적인 무슬림의 마음속에는 종교와 국가가 전혀 구분되지 않는다는 뜻이다.

이 장에서는 무함마드가 어떻게 이슬람 문화를 창시하였는지 독자가 이해할 수 있도록 도울 것이다. 그는 어떤 방식이든지 문화에 도전하는 것은 종교 자체에 도전하는 행위로 간주하도록 만들어 놓았다. 무슬림 세계에서는 종교와 문화가 너무도 긴밀하게 유착되어 있어서 무슬림들은 그 두 가지를 도무지 별개로 취급할 수가 없다.

문화가 곧 이슬람이다

내가 미국에서 세계 종교학으로 석사학위를 받기 위해 공부하던 중에 나는 무함마드가 독특한 신앙 시스템을 택하여 그것을 생활과 문화의 형식으로 전환시켰다는 것을 발견했다. 그는 우선 자기의 고향인 메카에서 이슬람을 선파하려고 노력하였으나, 후일 이웃 도시인 메디나로 옮겨갔고 마침내 그곳에서 자신의 군대를 양성할 수 있었다. 그는 자기의 군대를 이끌고 우선 아라비아 전 지역을 평정했으며 모든 도시와 국가를 하나하나 침략하여 점령해 나갔다. 아라비아의 중앙에 위치하며 우상을 숭배하던 작은 도시 베두인(Bedouin)에서 자라난 이 보잘것없는 고아는 전 아라비아를 자기의 뜻에 복종하도록 만든 위인으로 성장했다.

여기서 끝이 난 것이 아니라 무함마드와 그의 추종자들은 아라비아를 벗어나 동쪽으로 나아가 이라크, 이란을 점령하였고 서쪽으로는 시리아, 레바논 그리고 나중에는 터키를 점령했다. 그의 추종자들은 터키에서 출발하여 동유럽을 점령하고 남으로는 남부 프랑스를 점령할 기세였으나 그 곳에서는 한 프랑스 왕에게 저지당한다.

이슬람 군대는 남쪽을 향하여 이집트를 점령하고 그곳에서 다시 모든 북아프리카 지역을 차지하게 되었다. 이곳에서는 사하라 사막이 그들의 남진을 저지했다. 이슬람 군대는 이집트에서 모로코로 그리고 모로코에서 지중해를 건너 남서방향으로 유럽을 침략하여 스페인과 포르투갈을 점령했다. 그 결과 스페인과 포르투갈은 약 6백년 이상을 무슬림 국가로 살게 되었다.

무슬림 상인들은 모로코에서 남쪽으로 더 나아가서 대부분의 서아프리카 지역에 이슬람을 전파했다.

남동 아라비아에서는 무슬림 상인들이 예멘에 이슬람을 전하고 더 남쪽으로 홍해를 건너 수단, 에리트리아, 에티오피아, 소말리아, 케냐, 잠비아, 탄자니아에도 이슬람을 전파했다.

무함마드가 이슬람제국 건설에 성공한 이유는 단지 정치시스템만을 가지고 간 것이 아니기 때문이다. 정치적 시스템만으로 제국을 세운 지도자는 결국에는 몰락한다. 그것만 가지고는 제국을 지속시키지 못한다. 히틀러와 같은 사람은 그저 정치적인 시스템인 나치즘만으로써 제국을 건설하려 하였기 때문에 결국 패망했다. 소련연방도 공산주의라는 시스템을 만들어 세계를 점령하려 했다. 그러나 그들은 고작 80년을 견디지 못하고 몰락했다.

그러나 무함마드가 이슬람을 통하여 구축해 놓은 시스템은 1400년을 더 넘어 오늘날까지 이어지고 있다. 사람들은 이 시스템과 이 시스템이 적용되고 있는 나라에 대하여 대처할 방법을 모른다. 왜 그럴까? 그것은 무함마드가 정치, 종교, 법률, 인간관계에 관한 자기의 생각을 집대성하여 전혀 새로운 생활 방법을 창조해 놓았다는 사실을 이해하지 못하기 때문이다. 그것뿐만이 아니다. 무함마드는 이러한 생활방식이야말로 알라를 기쁘게 하는 것이며 천국에 들어가는 길이라고 선언했다.

무슬림들은 무의식중에 그러한 시스템에 세뇌되어 있으며 프로그램 되어 있다. 그냥 그런 방식으로 양육되는 것이다. 그들에게는 그 생활 방식이 옳고 그르냐에 대해 의문을 제기할 수 있는 권리가 없다. 그의 상상력은 무함마드가 설정해 놓은 한계선을 넘어설 수가 없다.

예를 들어 이슬람이 무슬림들에게 라마단 기간 동안에는 매일의 기도 생활에서 첫 번째 기도가 시작되고 네 번째 기도가 끝날 때까지는 물도 음식도 취할 수 없다고 가르친다. 이에 대하여 무슬림 남녀는 결코 "왜 알라는 우리에게 일 년에 한 달씩 금식하라고 명하셨을까?"라고 물어볼 꿈도 꾸지 않는다. "그토록 뜨거운 아프리카나 아라비아에 살고 있는 사람들인데 왜 단 일주일만 금식하면 안 되는 것일까?" "왜 일주일로는 부족하단 말인가?"

이슬람은 왜 무슬림들에게 하루에 다섯 번씩 라카아(raka'ahs: 무슬림의 기도 단위)를 행하라고 하는가? 어느 무슬림도 감히 "왜 알라는 우리에게 하루에 다섯 번씩 기도하라고 하였는가"라고 물어볼 생각을 못한다. "왜 식사 전에 한 번씩 세 번을 기도하며 우리가 알라를 생각하고 그에게 감사의 기도를 드리면 안 되는 것인가?" "어쩌면 하루에 세 번으로 족할지도 모르지 않은가!"

그러나 무슬림에게는 이런 질문을 던진다는 행위에 전혀 생각이 미치지 않는다. 무슬림은 그 시스템에 대하여 질문하지 않는다. 그렇기 때문에 그런 것이므로 그저 하라는 대로 하라.

꾸란에서는 이렇게 말한다.

그리고 무함마드가 무엇을 너에게 주더라도 너는 그것을 받아라. 또한 그가 무엇을 네게 금하더라도 (너는 그것을) 멀리할 것이라. 알라를 경외하라. 진정으로 알라는 무서운 형벌을 내리느니라.　　　　　　　　　　　- 꾸란 59:7, 무신 칸 역

오, 너희 믿는 자들아! 일단 너희에게 선포된 이상 그것이 비록 너희에게 어려움을 가져다줄지라도 의문을 가지지 말지니라.　　　　- 꾸란 5:101, 샤키르 역

알라와 메신저에게 불려가 그들 사이에서 심판을 받을 때에는 믿는 자의 대답은 오로지 다음과 같아야 할 것인즉 말하라! "우리는 듣고 복종하였나이다" 이것이 곧 지극한 행복을 얻는 길이니라.　　　　　　　　- 꾸란 24:51, 알리 역

문화의 종교화

이제 무함마드가 어떻게 이슬람 문화를 창시하였는지 그 과정을 들여다보기로 하자. 먼저 그는 종교 시스템을 창안한 후에 이것을 아라비아 유대 문화의 일부와 자신의 아이디어를 삽입시켜 이슬람 문화를 창시했다.

종교란 '신 또는 초자연적인 대상에 대한 섬김 또는 숭배'라고 할 수 있다. 문화란 '사회 구조, 언어, 법률, 종교, 마술, 예술, 기술'

등 이다. 이것을 좀 더 간결하게 표현하자면 종교란 신과 인간 사이의 관계이며 문화란 사람과 사람 사이의 관계인 것이다.

이것이 곧 사람들이 이슬람을 바라 볼 때 사람들의 눈에 무슬림들의 문화도 함께 보이는 이유이다. 꾸란을 읽어보라.

그러면 종교뿐만 아니라 문화도 함께 보일 것이다. 여러분들이 무슬림의 생활 즉 그들의 일 처리방법, 언어생활, 행동양식 등을 쳐다보고 있으면, 역시 꾸란이 함께 보이게 된다. 심지어는 여러분이 꾸란은 전혀 듣지도 보지도 못했다고 해도 그저 무슬림이 행동하는 것을 보면 꾸란에 어떻게 쓰여 있는지 알 수 있다. 당신이 원하기만 하면, 그들은 배운 대로 해 보일 것이다.

무슬림 문화는 무함마드가 이슬람의 생활방식을 알라 숭배의 일부로 만들어 놓았기 때문에 그토록 강력한 것이다. 이슬람세계에서는 문화적 요구사항과 종교적 요구 사항이 동일하다.

비이슬람 사회에서는 종교는 단지 문화의 한 부분이다. 예를 들면 네덜란드인 한 사람이 있다고 하자. 그는 자신의 모든 네덜란드 문화를 지키며 살 수 있으며 기독교를 거부하고 무신론자가 될 수 있다. 그러나 그는 여전히 네덜란드인이다. 그는 단지 자기의 종교를 개종했을 뿐이다. 그렇지만 무슬림은 그렇게 할 수 없다. 만약 무슬림이 이슬람을 떠나기를 원하면 그는 동시에 문화도 함께 떠나야 한다. 왜냐하면 그의 문화가 바로 신앙의 일부이기 때문이다.

이슬람은 단순히 창조주 알라를 숭배하는 종교가 아니다. 이슬람은 무슬림의 일상생활이다. 만일 여러분이 이슬람을 받아들이거나 또는 이슬람에서 태어나면 여러분의 모든 생활은 곳곳에서 이슬람 시스템에 의한 제약을 받는다. 선택은 최소화되는 반면에 복종은 극대화 된다. 이슬람에 대한 충성은 아침부터 저녁까지 강화된다.

이슬람에 영향을 끼친 문화

모든 무함마드의 아이디어는 순수한 것인가? 아니다. 결코 그렇지 않다. 그는 오늘 날의 사우디아라비아인 아라비아에서 태어나서 자랐고 그곳에서 죽은 베두인 아랍인이었다. 아라비아에도 그들만의 문화가 있었으며 그 문화의 일부가 이슬람에 계승되었다.

예를 들면 무함마드는 무슬림들에게 가능하다면, 일생에 한 번씩은 메카로 성지순례(hajj, 하지)를 하여 일정 의식을 행하도록 가르쳤다. 이러한 순례는 이미 우상을 숭배하던 아라비아 사람들이 수행해 오던 그런 것이었다. 무함마드는 그들의 제식 중 예를 들면, 검은 돌(Black Stone) 주위를 원형으로 도는 일 같은 것 등 그 일부를 취하여 자기의 아이디어를 거기에 추가했다.

뿐만 아니라 무함마드는 구약성경의 영향도 받아서 그 교리 가운데 필요한 것을 자기의 종교적인 아이디어에 접목했다. 그 예는 다음과 같다.

구약성경에 의하면 우상을 숭배하고 다른 사람들에게 그렇게 하도록 종용하는 자는 돌로 쳐 죽이라고 했다. — 신 13:6-11, 13:6-11

배교는 이슬람 율법에서는 사형선고 감이다.
구약성경에 의하면 제사장들은 장막에 들어가기 전에 먼저 물로 손과 발을 씻어야 한다고 가르쳤다. — 출 30:17-21

무함마드시절의 우상숭배자들도 카아바 신전에 들어가기 전에는 세정의식을 행했다. 당연히 무함마드는 무슬림들에게 기도 전에 씻으라고 가르쳤다.

무함마드 이전에도 아라비아 사람들은 돼지고기를 먹지 않았다. 유대인들도 돼지고기는 불결한 음식으로 여겨 먹지 않았으며, 죽은 동물의 고기나 피를 먹지 않았다.

— 신 14:8, 레 7:24, 26

무함마드의 계시도 역시 돼지고기, 죽은 동물의 고기, 피를 금하고 있다.

알라는 너희들에게 죽은 동물의 고기, 피, 돼지고기를 금하셨고 알라 이외에 다른 신을 부르기 위하여 사용한 음식도 금하였노라. 그러나 의도적인 불복종의 의사가 없이 필요에 의하여 어쩔 수없이 먹게 된 경우, 율법에서 정한 한계를 넘지 않았다면, 죄가 없나니 알라는 지극히 자비롭고 많이 용서하시니라.

— 꾸란 2:173, 알리 역

이슬람 시스템에서의 삶

앞에서 밝힌 바와 같이 나는 5년 반을 이집트에서 한 사원의 이맘으로 재직했다. 내 임무 중 하나는 사람들이 이슬람의 문화를 준수하도록 돕는 일이었다. 기도, 세정, 금식 등과 같은 것은 알라를 기쁘게 하기 위하여 행하는 예식이므로 이에 관한 질문은 매우 중요한 것이었다.

그러므로 다음과 같은 질문을 받는 일은 흔했다. 금요일 아침 첫 기도를 드리고 난 후인데, 한 사람이 겸손하게 사원으로 들어오더니 나에게 다가와 물었다.

"저는 지난밤 아내와 함께 있었습니다. 그 후에 다음날 아침까지 잠이 들었습니다. 그러나 제 시간에 잠에서 깨지 못하여 사원에서 드려야 할 첫 기도를 놓쳤습니다. 잠에서 깨었을 때에는 이미 햇빛이 비치고 있었습니다. 이제 어떤 형식의 기도를 드려야 합니까?"

정상적이라면 첫 기도(알 소브, al sobh)는 약 오전 4시경에 드려야 하며, 무슬림은 이맘의 인도에 따라서 사원에서 두 번의 라카아(raka'ah)를 드려야 한다. 그러나 이맘이 기도를 인도하기 이전에 다른 두 번의 라카아를 드릴 수 있으며, 이러한 기도를 알 파즈르(al fajr) 기도라고 부른다. 꾸란에는 한 장 전체가 이 기도 이름을 따서 제목이 붙여진 곳(꾸란 89장)이 있다. 알 파즈르는 매일 드려야 하는 5번의 의무적인 기도는 아니다. 이것은 순나(sunnah)인데 무함마드가 정해 놓은 기도의 예 중의 일부라는 뜻이다. 즉 그 사람이 내게 하려는 질문은 이러한 두 가지 서로 다른 기도에 관한 것이었다.

"저는 일찍 일어나 정시에 기도하지 못했습니다. 그러니 어떻게 하여야 합니까? 지금 알 파즈르와 알 소브를 할까요? 제가 지금 그 기도들을 하면 알라가 받아 줄까요?"

이맘의 자격으로 이 질문에 대답하면서 나는 그 사람에게 자비를 보이며 용기를 주려고 노력했다. "당신의 아내에게 친절하게 대했으므로 그것은 나쁜 일이 아닙니다. 당신의 아내를 위하여 함께 그곳에 머물렀던 것은 아내에 대한 당신의 의무를 다한 행동입니다. 당신은 외간 여자와 잠자리를 같이 하거나 간음을 저지른 것이 아닌 올바른 일을 했습니다. 당신은 사탄이 불행을 느끼도록 모든 방법을 다 동원하여 알라에게 복종하십시오. 사탄이 당신을 피곤하게 하여 깊은 잠에 빠뜨려 첫 기도 시간을 못 지키도록 만들었습니다. 그런 사탄의 술수에도 불구하고, 아침에 깨어났을 때 당신은 의무를 다하지 못했다는 것을 기억해낸 다음에 알라가 당신을 어떻게 생각할지 염려했습니다. 당신은 마음에서 우러나오는 진정한 바램으로 알라를 기쁘게 하고 잘못을 고치고 싶어 했으므로 알라는 당신의 행동을 무척 기뻐하실 것입니다. 그러므로 당신은 알 파즈르를 드릴 필요가 없습니다. 당신은 이제 하루 첫 기도인 두 번의 라카아만 드리면 됩니다. 그러니까 당신은 두 번째 기도가 시작되기 전인 지금 바로 그 기도를 드리십시오. 알라가 이 기도에 대하여 당신에게 두 배의 보상을 내릴 것입니다."

이런 일들이 무슬림 세계에서 알라를 기쁘게 하기 위하여 이슬람 문화가 규정해 놓은 율법을 따르는 과정에서 발생하는 사소하고 세세한 일종의 걱정거리들이다. 이렇게 알라를 기쁘게 해드리기 위한 열망으로 인하여 과거에 주어진 계시가 현대인의 의식구조를 지배하는 문화로 출현하게 된 것이다.

제2장

과거의 노예가 된 현재

"이미 된 것은 된 것" "흐르는 물" "과거는 역사일 뿐"

이러한 말들은 모두 미국 사회에서 흔하게 들을 수 있는 격언들이다. 일단 지나간 과거는 돌이킬 수 없는 것으로서 현재는 과거로부터 특별한 대답을 요구하지 않는다는 뜻이다. 그러나 이런 사고방식이 이슬람 사회에서는 존재하지 않는다.

무슬림 문화는 과거와 대단히 깊은 관계를 유지한다. 무슬림들은 오늘 또는 내일 나에게 어떤 선물이 주어진다면 그것을 먼 과거이든 가까운 과거이든 하여튼 과거와의 관계를 통하고서야 감사를 표시할 수가 있다. 그들은 오늘을 즐길 때에도 반드시 과거로부터 경험한 기쁨을 회상하며 즐긴다. 또한 오늘 닥친 슬픔을 삭일 때에도 반드시 과거에 경험한 슬픔을 회상하곤 한다.

과거에 집착하는 사고방식은 무함마드가 탄생하여 이슬람을 창시하기 이전부터 아라비아에 존재하던 이 지방 문화의 일부였다. 무함마드는 이것을 이슬람 문화의 하나로 만들었다. 아라비아 문학에는 아랍어로 '알 부카 알라 아트랄(al buka ala atlal)'이라고 불리는 유명한 하나의 개념이 존재하는데 '과거를 부르는 함성'이라는 뜻을 가지고 있다. 과거의 좋았던 일을 찾아 부르짖는 이들만의 사고방식은 원리주의 무슬림이나 중도적 무슬림이나 차이가 없어서 모두들 한결같이 그렇게 한다. 그리하여 오늘날 이슬람을 숭배하는 나라를 지켜보면 과거가 현재 위에 두텁게 드리우고 있음을 알게 될 것이다.

여러분은 세계 어느 곳을 가든지 무슬림들이 하루 5번의 기도를 드리면서 구석구석에 자리 잡고 앉아있는 이슬람 사원에 들어가 보라. 그러면 무슬림들이 삼삼오오 짝을 지어 동그랗게 앉아서 다가올 금요일의 설교를 기다리며 이에 관하여 서로 담소를 나누는 소리를 들을 수 있을 것이다. 아니 어쩌면 종교문제나 각자의 삶에서 경험한 일상사를 이야기하고 있을지도 모르겠다. 무슨 이야기를 나누든지 이야기를 나누는 동안 토론이 절정에 다다를 즈음이면 지금까지와는 전혀 다른 어떤 사람들이 끼어들어 이들과 함께 이야기하는 것과 같은 낯선 소리가 여러분의 귀에 들려올 것이다. 비록 그 다른 사람들은 육신이 함께 토론에 참여하고 있지는 않지만 그 정신과 사상이 그곳에 그들과 함께 자리하고 있는 것이다. 그들은 이미 수세기 전의 사람들이지만 그들의 언행은 오늘을 사는 무슬림들에게 충고하기를 주저하지 않는다.

이맘이 일단 교리를 시작하면 그도 언제나 변함없이 과거를 불러내어 그것을 현재의 문제와 연관 짓는 모습을 볼 것이다. 한 치의 어긋남도 없이, 이맘이나 또는 다른 무슬림이 "만약 메신저 무함마드가 지금 우리와 함께 살고 있다면 이 세상은 어떤 모습이 되었을까?

그러면 오늘의 문제에 어떻게 대처했을까?'라고 말하는 소리를 듣게 될 것이다.

여러분들은 과거가 무슬림들로 하여금 알라와 그 메신저의 마음이 바라는 바에 따라서 오늘과 내일을 살도록 그들을 인도하고 지도하며 격려하고 있다는 것을 아주 명확하게 알게 될 것이다. 수백 년 전에 이미 죽어 없어진 한 사람이 오늘을 살고 있는 사람들에게 말을 전하고 있다고 선포하는 이맘의 설교를 듣는 것은 아주 흔한 일이다. 예를 들면 '무함마드 이후 두 번째 칼리프였던 우마르 이븐 알 카티브(Umar ibn al Kahttib)가 미국 대통령 조지 W. 부시나 영국의 수상 토니 블레어에게 말한다' 라고 선포하는 것 등은 대단히 흔히 들을 수 있는 설교다.

사원을 벗어나서 다른 예를 찾아보자. 결혼식, 장례식, 또는 사교 모임 등 다른 이슬람 사람들의 행사에 참석해 보면 여러분은 아마도 젊은 원리주의 무슬림들을 어렵지 않게 만나게 될 것인데 그들은 자리에서 일어나 이슬람 시를 낭송함으로써 참석자를 즐겁게 한다. 다음의 시는 그들이 낭송하는 시 중의 하나이다.

우리는 무슬림이라네.
우리는 무슬림이라네.
우리는 무슬림이라네.
우리는 치욕을 당하느니 차라리 죽음을 택하리라.

우리는 칼을 들어
알라의 적들에게 치욕을 안기었노라.
우리는 꾸란을 들어

생명을 향하여 빛을 전했노라.
이것이 우리의 역사라네.

우리를 부르는 자들이여 들어라
우리는 무슬림이라네.
우리는 무슬림이라네.
우리는 무슬림이라네.

또한 여러분은 그 원리주의자들이 이미 천 년도 넘는 그 이전에 죽은 무함마드를 자신이 직접 불러내어 자기들을 돌보아주고, 강하게 만들어 주며, 인도하여 달라고 외치는 소리를 들을 것이다. 당신은 또 그들이

"오! 알라의 메신저여, 우리는 혈기 넘치는 무슬림입니다. 우리는 결코 연약하지 않습니다. 우리는 당신이 우리의 지도자이심을 인정합니다. 오! 알라의 메신저 이맘이여, 우리 정의로운 신자들의 한 가운데에서 일어나소서. 오! 사람들아, 여기 우리의 메신저가 외치는 소리를 들어라." '적의 군대를 무찔러라. 모든 계곡에 내 말을 전하라. 우리는 알라의 전사니라.'

라고 외치는 소리를 들을 수 있을 것이다.

또한 여러분은 그들이 다음과 같이 큰 소리로 외치는 소리도 들을 수 있을 것이다.

"알라의 이름으로, 이슬람의 이름으로, 우리는 복수하리라. 모든 피조물과 싸워 승리하기 위하여 확실한 방향을 세워 우리의 길을 가리라. 그렇지 않으면 차라리 알라의 이름으로 죽어 영생을 얻을 것이라. 우리는 알라의 이름을 걸고 맹세하노라. 이슬람의 이름으로 맹세하노라. 우리는 결코 연약하여지지 아니할 것이며, 무슬림들에게 승

리를 안기리라. 우리는 칼을 들어 이교도에게 교훈을 전하리라. '너희들은 지옥에서 불타리라' 라고."

　이러한 말로써 그들 원리주의 무슬림들은 과거에 복종할 것을 선언한다.

　대부분은 정부에 소속되어 원리주의자들과는 전혀 무관한 언론 매체에서 조차도 과거의 부름이라는 선물로 마치 밥상에 차려진 진수성찬이라도 되는 양 무슬림들이 즐겨 보도록 하기 위하여 그것을 영화나 드라마로 제작하는 일에 열성을 다한다. 이러한 현상은 국영 TV나 영화 또는 연극 무대에서도 마찬가지다. 대부분의 무슬림들은 국영매체에서 제작한 오락 프로그램을 즐기게 되는데, 이것을 보아도 언제나 변함없이 과거를 오늘의 생활과 연결 짓는다. 무함마드의 생애, 그의 추종자들의 생애, 십자군 원정, 무슬림의 정복전쟁, 기타 역사물들 등등.

　다음은 비록 단순한 글귀이지만 기억하고 있으면 이슬람의 문화를 이해하는데 많은 도움이 될 것이다. 즉 '과거에 그랬기 때문에 현재는 이렇다(It is because it was)' 라는 말이다. 오늘날 우리들이 목격하는 모든 이슬람 문화는 무함마드 시대에 그렇게 하였었기 때문에 지금 이렇게 한다는 것이다. 이들은 과거에 그랬기 때문에 곧 현재에도 이렇다는 것이다(It is because it was).

미래의 걸림돌

　초기 무슬림의 역사를 공부하면서 현재의 무슬림을 비교해 보면 두 문화 사이에 존재하는 유사성으로 인해 놀라게 된다.

이런 무슬림 세계는 과거를 곧 현재로 받아들임으로써 엄청난 비극을 겪었으며 특별히 과거 이슬람이 겪었던 격동의 시대를 과격한 원리주의자들이 오늘에 와서 다시 되살리고 있는 모습을 볼 때에 더욱 그렇다. 이슬람세계가 과거를 부르는 일을 중단하지 못함으로서 전 세계인들의 마음은 지금도 그들에 의하여 매일매일 고통스러워하고 있는 것이다.

무슬림 세계에서는 정치도 역시과거의 지배하에 놓여 있다. 나는 무슬림과 유대인 사이에 반영구적인 평화조약을 체결하면서 서명하는 일이 무슬림에게는 절대로 받아들일 수 없는 사안이라고 믿는데 그 이유는 (이슬람의)과거가 유대교를 결코 인정해서는 안 된다고 가르치고 있기 때문이다. 유대인이 믿고 있는 유대교는 메신저 무함마드의 봉인과 마지막 경전 또한 이슬람 이외의 종교를 찾는 모든 자들의 행위는 알라가 결코 받아들이지 않을 것인 즉 이후로 그들은 버림받은 자가 될 것이니라.

—꾸란 3:85

에 의하여 취소되었다고 이슬람은 주장한다. 자기들의 이웃에 자기들과 동등한 자격으로 기독교인들이 거주하는 것도 무슬림들은 허용할 수 없다. 왜 그런가? 대답은 간단하다. 과거에 그것이 허용되지 않았기 때문이다(7세기 무함마드가 생존했을 당시 그대로의 모습으로 21세기인 지금에도 무함마드의 실례대로 살아가길 갈망하기 때문에 그들은 절대로 타협과 변화가 있을 수 없다 – 편집자 주).

특히 이스라엘과 미국에 대한 무슬림들의 태도는 과거부터 가르치고 있는 교리에 의하여 크게 왜곡된 경향이 있다. 유대교와 기독교가 결코 이슬람과 공존할 수 없는 유일한 이유는 그들이 이슬람에 해를 가하고 이슬람을 멸망시킬 것이라는 강한 믿음이 무슬림 각자의 마음속에 깊이 자리 잡고 있기 때문이다.

이 태도가 기인한 근본적인 꾸란 구절은

그리고 유대인들은 결코 너희들을 기뻐하지 않을 것이며 기독교인들도 기독교를 따르지 않는 한 너희를 반기지 않을 것이다. — 꾸란 2:120, 샤키르 역

무슬림은 미국을 종교적으로는 기독교 국가로 간주한다(그렇지만 사실 미국은 종교적으로는 다종교국가이다). 그리고 이스라엘은 유대교 국가로 간주한다. 그러므로 미국이 이스라엘을 지지하면 무슬림들은 다음과 같은 꾸란의 구절을 인용하여 외친다.

보라! 유대인과 기독교인들이 함께 쳐들어오고 있다. 그들의 목적은 이슬람을 파괴하는 것이다.

그러므로 당연히 그들은 자기의 종교를 지키기 위하여 분연히 일어난다.

무슬림들은 과거에 의존함으로써 유대교나 기독교 그리고 기독교인들을 신뢰할 수 없는 상태로 스스로 빠져 들어간다. 무슬림들은 내일의 평화에 대해서라면 꿈꾸는 것조차도 불가능하다. 서로 다른 종족이나 종교를 믿는 모든 남녀노소가 인간애로 뭉쳐 형제자매로서 함께 모여 삶을 즐기며 서로 돕고 살 수 있는 그런 꿈 말이다.

무슬림들이 중동에 두 국가 즉 유대인의 나라와 팔레스타인의 나라가 서로 이웃하며 함께 공존하기를 원한다면 우선 과거로부터 벗어나야 한다. 그래야만 그들은 서로를 받아들이고 사랑하며 평화롭게 더불어 살 수 있다. 무슬림들은 비록 꾸란에 다음과 같이 기록되어 있다고 하더라고 유대인이 이슬람의 제1의 적이라는 시각을 포기해야 한다.

믿는 자들을 가장 크게 적대시하는 자들을 찾는다면 유대인과 우상 숭배자들이 그들임을 알게 될 것이며 … — 꾸란 5:82, 알리 역

무슬림들은 꾸란에 실려 있는 과거의 유대인들에 관한 이 기록을 오늘날의 유대인들에게는 적용할 수 없다는 사실을 인정할 필요가 있다.

미국에 관한 진실된 모습을 보기 위해서라도 무슬림들은 우선 과거에서 벗어나야 한다. 그렇지 않는 한, 그들은 기독교인들과 유대인들이 공모하여 이슬람을 파괴하려 든다는 기독교인들에 대한 오해에 바탕을 둔 무슬림의 신념에 의해서 계속 행동할 것이다. 무슬림들은 미국인이 곧 기독교인이라는 등식은 맞는 말이 아니라는 사실도 받아 들여야 한다. 다시 말하면 미국은 기독교인만의 국가가 아니라 모든 인종이 함께 사는 국가이고 모든 종교를 인정하며 자유가 있고 인권이 존중되는 나라인 것이다. 어떤 종교도 미국을 독점하여 지배할 권리는 인정되지 않는다. 미국에는 기독교인들이 넘치며 무슬림들이 넘치고 유대교인들이 넘치며 기타 다른 종교를 믿는 개인들로 넘쳐난다. 미국은 제2의 십자군 원정을 획책하는 그런 기독교 국가가 아니다.

오늘날의 세계는 무함마드가 이슬람을 창시할 당시의 세계가 이미 아니다. 현대는 전 세계인이 함께 대화하며 서로 협력하면서 하나의 지구촌에서 공존하는 세계인 것이다.

---

1. The rest of Surah 5:82 declares that "nearest among them in love to the believers wilt thou find those who say, "We are Christians" because amongst these are men devoted to learning and men who have renounced the world, and they are not arrogant." This is a good endorsement of Christians, but it doesn't hold up against the other verses that condemn the Christian faith. (See Surah 5: 18; 9:30.)

무함마드가 창시한 문화

다음 장에서는 이슬람 문화를 만들어내는데 결정적인 근거가 된 꾸란에 기록되어 있는 여러 규정(율법)의 예를 소개하려고 한다. 나는 하디스보다는 주로 꾸란에 집중할 것이다. 그 이유는 꾸란이 이슬람 세계에서는 최고의 권위를 갖는 경전으로 간주되고 있기 때문이다. 꾸란은 이슬람 문화의 특징 그 자체가 된 책이다.

SECTION 2

이슬람 문화의 특징

제3장

기도와 세정 의식

나는 무슬림의 삶이 이슬람의 교리와는 별개의 것이라고 늘 주장해왔다. 이슬람에 관하여 공부를 하게 되면 무슬림들의 신실함과 그들이 믿음의 대상에 받치는 엄청난 헌신에 가히 경탄을 금할 수가 없게 된다. 이슬람을 믿지 않는 자유를 누리는 동안에는 누구나 그렇게 될 수 있다.

그러나 일단 이슬람 체제하에서 살게 되면 그 문화가 즉시 여러분의 감옥이 된다. 알라에 대한 두려움, 자기 가족에 대한 두려움, 당신이 속한 사회에 대한 두려움, 국가의 법률에 대한 두려움으로 당신은 옴짝달싹할 수가 없게 된다. 이슬람 문화는 당신의 모든 공공활동, 개인 생활은 물론 음식에서부터 시작하여 친구문제까지 그리고 심지어는 아침에 세수하는 방법에 이르기까지 세세한 부분까지 잠식해 들어간다.

이 장에서는 이슬람 문화 가운데서 삶을 산다는 것이 어떠한 모습일까를 소개하려고 한다. 이 글을 읽어 가면서 이렇게 사는 삶이 단 1주일 또는 1년으로 그치는 것이 아니라 평생이라고 상상해보기 바란다. 이 장에서는 다음과 같은 사항에 대하여 배우게 될 것이다.

- 기도와 세정의식
- 금식과 순례여행
- 일상생활
- 비 무슬림에 대한 고정관념
- 무슬림과 비 무슬림 사이를 가로막는 장벽
- 무슬림 사회의 보편적 성향

이미 여러분은 이곳에 가장 중요한 섹션 하나가 빠져있다는 점을 간파하였을 것이다. 즉 여성의 문제인데 이 문제는 다음 장에서 별도로 다루기로 하겠다. 이슬람 국가에서 여성이 처한 상황에 관해서는 이미 언론매체를 통해서 한바탕 열띤 토론을 거친 터이니 나도 이 문제에 대해 특별히 한 섹션을 할애하여 근본적인 정보를 제공하고자 한다. 여성과 남성이 동등한 권리를 가져야 한다는 주장에 대하여 나는 1백 퍼센트 지지를 보낸다. 그러므로 여기서는 여성의 권리에 대하여 토론을 하려는 것이 아니다. 나는 무함마드가 여성에 대해 무엇을 말했으며 그가 여성을 어떻게 취급했는지 보여줄 뿐만 아니라 이런 행위들로 인해 이슬람 사회에 어떠한 영향을 미쳤는지 설명해 줄 것이다. 거기에 대한 판단은 온전히 독자의 몫이다.

이제 이슬람 문화에 가장 깊숙하게 침투하여 있는 두 가지 문제 즉 기도와 세정의식에 대하여 알아보자.

하루 다섯 번 기도하라

내가 이슬람을 떠나기 전 나는 사원에서 무슬림들이 올리는 기도를 인도 하곤 했다. 이 시간은 기도에 참여하는 모든 사람들의 목소리가 하나로 뭉쳐서 마치 노래하듯이 기도 말을 외우는 대단히 능력 있는 시간이었다. 사원은 고양된 동질성과 연대감으로 인해서 마치 폭발할 것과 같은 분위기가 되었다. 기도는 우리 서로를 한데 묶어주는 시멘트와도 같은 것이었다.

무슬림은 이슬람 율법에 따라 하루 다섯 번씩 특정한 시간에 맞추어 반드시 기도를 드려야 한다. 기도란 라카아(raka' ah)를 수행한다는 의미인데 이것은 '움직이며 기도를 암송한다' 는 뜻을 가지고 있다. 매 기도 시간에는 두 번 또는 네 번의 라카아를 드려야 하는데 이는 그날그날의 상황에 따라서 시간이 변경될 수 있으며 약 15분 내지 20분이 소요된다.

기도는 무슬림들에게 가장 깊숙이 침투하여 있는 이슬람 문화의 하나이며 매일매일 하루에 다섯 번씩 연중무휴로 실행하여야 한다. 무슬림들에게 있어서 기도란 마치 태어나는 아기에게 반드시 탯줄이 있어야만 하는 것과 마찬가지다. 즉 그들의 생명선인 것이다. 신앙심이 투철한 무슬림이 무릎을 꿇고 기도함으로써 자기의 신앙을 확증하지 않은 채 하루 중 8~9시간 이상을 보내는 모습을 보기란 불가능하다.

기도에 관한 규칙과 전통은 대단히 세부적이고 상세하게 모든 일거수일투족이 무함마드 또는 그의 추종자들이 보였던 행동에 기초를 두고 있다. 비록 거의 대다수의 무슬림들이 동일한 기본 형태를 따르기는 하지만 믿음에 따라서 다소 차이가 있기도 하다. 예를 들면 라카아를 드리는 동안 수니파(Sunni) 무슬림과 시아파(Shiite) 무슬림이 양 팔을 구부리는 모습에는 약간의 차이가 있다.

기도에 임하기 전에 무슬림이라면 우선 정결하게 해야 하는데 이는 물로 씻는 것을 말한다. 어떻게 씻을 것인가 그리고 언제 씻을까라는 문제는 이슬람 문화에서는 매우 중요하다. 이것은 곧 당신의 정체성을 결정하는 문제이기 때문이다.

내가 이슬람을 떠난 지 벌써 일 년이 지났지만 나는 여전히 이것을 기억하고 있으며 이슬람 방식에 따라서 몸을 씻고 있는 나를 발견하곤 한다. 나는 알라를 기쁘게 하려는 노력은 다 버렸지만 이것은 이미 나의 삶의 한 부분이 되어 버렸던 것이다. 샤워를 하러 가서도 샤워 실에 일단 발을 들여 놓으면 물줄기를 피하기 위하여 한 발 물러선 채 먼저 작은 세정의식(이것에 관해서는 다음에 별도로 설명할 것이다)을 거행한다. 그것이 끝나야 마침내 물줄기에 발을 들여 놓곤 한다. 샤워 꼭지에서 흘러내리는 물에 몸을 씻기 시작할 때에도 먼저 조심스럽게 오른쪽을 먼저 씻은 후에 왼쪽을 씻는다. 왜 그럴까? 답은 무함마드가 한 바가지의 물을 떠서 컵을 이용하여 자기의 몸을 씻을 때 그렇게 했다고 하디스에 기록되어 있기 때문이다. 그는 컵으로 물을 떠서 오른쪽을 먼저 씻은 다음에 왼쪽을 씻곤 했다는 것이다. 따라서 헌신적 무슬림의 한 사람이었던 나는 샤워할 때에 이 방법을 적용하였던 것이다. 그러나 나는 이러한 관습을 버리기로 작정하였고 마침내 목욕탕에서 이슬람 방식을 추방하는데 성공했다. 지금은 내가 원하는 방식대로 자유롭게 샤워할 수 있다.

이것은 그런 시스템이 어떻게 사람들의 문화에 각인되는지 그리고 사람들을 지배하게 되는지 말해주는 단 한가지의 예에 불과하다. 이것은 그저 이들이 8~9세부터 몸에 베이게 만드는 하나의 습관에 불과하지만 평생을 그들의 삶에 따라 다닌다.

작은 세정의식

　이슬람 율법에는 '큰 세정의식'과 '작은 세정의식'이 있다. 아침에 일어나 첫 기도를 드리러 가기 위하여 준비할 때에는 보통 작은 세정의식을 수행한다. 강가에 서서 물을 한 양동이 푼 후 작은 세정의식을 수행하거나 욕실의 욕조에서 세정의식을 수행할 수도 있다. 나는 나일강가에서 작은 세정의식을 여러 번 수행한 바 있다.

　세정의식에는 순서가 있다. 먼저 손으로 물을 떠서 손을 세 번 씻는다, 그 다음에는 입을 씻고 코를 씻은 후 손목과 팔목을 각각 세 번씩 씻는다. 그리고 얼굴과 귀를 씻는데 날에 따라서는 세 번을 씻어야 한다. 이제 젖은 손으로 머리를 한 번 쓰다듬고 마지막으로 발을 복사뼈까지 세 번 씻으면 작은 세정식이 끝난다.

　오, 너희 믿는 자들아! 기도를 드리기 위해서는 너희 얼굴과 손을 씻되 팔꿈치까지 씻으며 젖은 손으로 문질러서 머리를 씻고 발을 씻되 복사뼈까지 씻으라.

- 꾸란 5:6

　이제 두 번째 기도 시간이 다가온다. 다시 작은 세정의식을 수행해야 하는가? 아니면 첫 기도 이전에 수행한 세정의식으로 인해서 나는 지금도 정결한 것인가? 이것은 전적으로 첫 기도를 암송한 후에 무슨 행동을 했는가에 달려있다. 다음과 같은 일을 행하지 않았다면 다시 세정의식을 거행하지 않아도 된다.

- 화장실 이용
- 방귀를 포함하여 일체의 생리적인 배출
- 여성과의 접촉(남자인 경우)
- 아내 이외의 여성과의 접촉(남자인 경우)
- 아직 젖먹이 어린이를 제외한 모든 사람에게서 배출된

오줌이나 대변을 손으로 만진 경우
- 개가 핥은 경우(단지 털을 쓰다듬은 경우는 제외)

이것은 그저 몇몇 예에 불과하다. 율법에는 훨씬 더 상세한 특별한 규정이 포함되어 있다. 대부분의 사람들은 매일매일 작은 세정의식을 거행하느라 날이 샐 지경이다!

큰 세정의식

이슬람에서는 섹스는 불결한 것이며 성스럽지 못한 행위라고 가르친다. 그래서 예를 들면 성스러운 라마단 기간 동안에는 섹스란 성스럽지 못한 것이므로 금기시 한다. 기도 전에 수행하는 큰 세정의식에 관한 규칙에서도 동일한 태도를 발견할 수 있다.

큰 세정의식은 다음과 같은 성행위를 한 후에 수행하여야 한다.
- 배우자와의 성 접촉
- 섹스에 관한 꿈을 꾸거나 몽정을 하였을 때
  (이 규칙은 남녀노소를 불문하고 적용된다).

위의 두 경우 사이에는 차이가 존재한다. 배우자와 성 접촉을 했을 때는 아직 큰 세정의식을 마치지 않았더라도 꾸란을 읽거나 만질 수 있으며 사원에 출입할 수 있다. 다만 기도를 드리려면 기도 전에 반드시 큰 세정의식을 수행해야 한다. 그러나 몽정을 한 경우에는 큰 세정의식을 수행하지 않고는 위의 모든 행위가 허락되지 않는다.

큰 세정의식을 수행한다는 것은 먼저 작은 세정의식을 거행한 후에 샤워를 하거나 목욕을 하는 것을 말한다. 샤워를 할 경우에는 무함마드의 본을 따라서 오른쪽을 먼저 씻고 왼쪽을 씻어야 한다. 그렇지만 욕조나 강 또는 호수에 뛰어 들어 목욕을 하는 경우에 대해서는 특별한 지침이 존재하지 않는다. 그것은 무함마드가 살았던 장소에는 그의 주변에 강이나 호수 또는 연못이 없었기 때문이며 결국 그는 목욕을 할 때에 결코 몸을 물속에 흠뻑 담가본 경험이 전혀 없었던 것이다.

사원의 이맘들은 사람들을 올바르게 인도하기 위하여 세정의식에 관한 규칙을 상세히 이해하고 있어야 한다. 그는 때때로 기도와 기도 사이에 교리의 시간을 가져야 하는데 특별히 네 번째와 다섯 번째 기도시간이 그렇다. 이 네 번째 기도와 다섯 번째 기도는 그 간격이 겨우 한 시간 정도밖에 되지 않기 때문이다. 이맘은 결혼, 친족관계, 금식, 세정의식, 기도, 무함마드의 언행, 등등에 관하여 가르칠 수 있다. 부모는 가정에서 기도와 세정의식에 관한 기본을 아이들에게 가르칠 수 있으며, 물론 아이들은 이것을 사원의 이맘에게서도 배울 수 있다.

흙 세정의식

기도와 세정의식은 무슬림이면 반드시 수행해야 할 의무이다. 그러나 장애는 늘 있기 마련이다. 무함마드가 활동하던 시절에 한 부부가 아프리카를 여행하고 있다고 가정하자. 그 부부는 잠자리를 같이 했는데 이제 기도 시간이 다가오고 있다. 비록 사원은 없지만 그들은 자리를 깨끗이 하고 기도를 하려고 한다. 그런데 세정의식을 거행하기에 충분한 물이 없다. 어떻게 하여야 하는가?

여기에 해답이 있다. 즉 그들은 흙을 이용할 수 있는 것이다.

그리고 너희가 병중에 있거나 또는 여행 중이며 또는 너희 중 하나가 화장실에서 나왔거나 또는 여인을 접촉하였는데 물을 찾을 수 없으면, 스스로 깨끗한 흙을 퍼서 그것으로 얼굴과 손을 문질러 닦을 지니라. 알라는 너에게 어떠한 어려움도 주기를 원하지 않으사 오히려 너희를 순결하게 하시기를 바라며 그의 완전한 배려를 너희에게 베풀어 너희를 은혜롭게 하실 것이니라.

- 꾸란 5:6, 샤키르 역

이 구절은 이 부부가 단지 작은 세정의식만 거행하면 된다고 말하고 있다. 비록 이 부부가 잠자리를 함께 하였으므로 큰 세정의식을 거행해야 함에도 불구하고 작은 세정의식으로 충분하다고 한 것이다.

의문이 생길 것이다. "어떤 방법을 사용하여 흙(모래)으로 씻을까?" 내가 이집트에서 군 복무를 하는 중에 나는 이 예식을 수행한 적이 있다. 물론 다른 사람들도 이와 같이 했다. 먼저 흙은 건조된 것이어야 한다. 땅에 앉아서 손을 흙 속에 넣고 다음에 할 일은 물로 씻을 때와 동일한 방법으로 하면 된다. 단지 물 대신 흙으로 하는 것이 다를 뿐이다. 물로 할 때와 차이가 있다면 입과 코와 귀는 씻지 않는다. 머리를 쓰다듬는 일은 해야 한다.

습격이나 전투시의 기도

물을 구할 수 없을 때에 세정의식을 수정하는 것처럼 전쟁에 나가기 위하여 행군 중에 있는 장병을 위한 기도도 수정된다. 무함마드가 메디나에서 군대를 파견할 때 그는 기도를 드리는 행위로 인하여 그들이 스스로 심각한 위험에 노출될 수도 있다는 사실을 깨달았다.

기도와 전쟁을 모두 중요시하는 증거로서 꾸란은 불의의 습격에 대비하여 기도하는 지침을 상세하게 기술하고 있다.

먼저 꾸란은 기도를 단축할 수 있다고 말한다.

그리고 행군을 진행하는 중 불신자들이 너희에게 공격을 가할 것이 염려되는 경우에는 기도를 단축하여도 아무런 흠이 되지 않나니 불신자들은 너희의 분명한 적이니라.

- 꾸란 4:101, 샤키르 역

다음 구절은 무슬림 군대가 기도하고 있는 동안에 다른 무리의 군대는 보초를 서야 한다고 말하고 있다. 보초는 장병들이 기도하는 동안에 혹 있을지도 모르는 불시의 기습에 대처하기 위해 자신들의 병장기와 보급품을 철저히 지켜야 한다고 환기 시킨다.

그리고 너희가 그들 가운데 있어 그들을 위하여 기도를 계속하는 동안에 그들 중 일부는 무기를 들고 너희와 함께 일어나게 하고 그들이 피곤하여 지치거든 너희의 뒤로 물러나게 한 후 아직 기도를 드리지 않은 군대를 앞으로 나아오게 하여 너희와 함께 기도하라. 그 후 그들에게 주의 사항을 전달하고 무기를 들게 하라. 왜냐하면 너희들이 병장기와 보급품을 소홀히 하는 틈을 불신자들이 호시탐탐 노리다가 기회를 노려 급작스럽게 달려들어 너희를 공격할까 염려하기 때문이니라.

- 꾸란 4:102, 샤키르 역

마지막으로 군대가 위험에서 완전히 벗어났다고 판단하면 정상적인 방법으로 기도하는 자세로 되돌아가야 한다.

이제 기도를 마쳤으면, 서 있을 때나 앉아 있을 때나 또 구부릴 때나 언제나 알라를 기억하라. 그러나 너희가 (위험에서) 벗어나면 기도를 계속하라. 기도는 믿는 자들이 반드시 시간을 지켜 행하여야 할 의례이니라.

- 꾸란 4:103

결론

　기도와 세정의식은 헌신적 무슬림의 일상생활을 구성하는 골격이다. 다음에 이어지는 두 가지 단원은 금식과 성지순례에 관한 것인데 이것들은 무슬림에게는 매우 특별한 의식이며 1년에 1회 또는 전 생애에 걸쳐서 반드시 1회를 실시한다.

제4장
금식과 성지 순례

　　나는 무함마드가 이슬람의 기초를 세울 때의 시대 상황은 어땠는지 상상하기를 즐긴다. 이슬람이 준수하여야 할 요구사항 중 하나인 금식에 관하여 논의를 하다 보면 여러 다양한 상황에 처해있는 사람들이 마치 어린 학생들처럼 무함마드의 주변에 모여들어 자기들이 지켜야 할 금식에 관하여 무함마드에게 질문하는 광경을 상상해 볼 수 있다.

　　"아플 때는 어떻게 합니까?"

　　"여행 중일 때는 어떻게 합니까?"

　　"내 아내와의 관계는요?"

　　무함마드는 그들에게 일일이 대답할 것이다. 이와 더불어 이슬람의 문화를 형성하는 벽은 점점 더 두꺼워지고 높아지며 더욱 상세해진다.

　　이런 상상으로부터 이슬람의 특이한 두 의무인 금식과 성지순례에 대하여 생각해보자.

라마단 기간 중의 금식

금식은 이슬람력으로 라마단 기간 동안에 행해지는데 라마단 기간은 그 해의 아홉 번째 초승달을 볼 수 있을 때 시작된다. 이슬람력은 무함마드가 천사 지브리일에게서 첫 계시를 받은 때로서 성스러운 달(month)로 여긴다.

이 금식기간 동안 하루 첫 기도와 네 번째 기도 사이에는 먹거나 마시지 않는다. 보통 오전 4시부터 오후 6시까지가 된다. 오늘날의 무슬림들은 첫 기도 시작 전에 가벼운 음식과 많은 물을 마시는데 특별히 더운 지역에 거주하는 무슬림들에게는 이것이 매우 중요하다. 네 번째 기도가 끝나면 그들은 마음껏 음식을 먹고 물도 많이 마신다.

예를 들어 더운 지역인 중동에 거주하는 사람들에게는 물을 마시지 않는 일은 매우 위험하다. 나에게는 50대 초반으로 기억되는 삼촌 한 분이 계셨는데 라마단 기간 동안에 물과 음식을 먹지 않는 상태에서 에어컨이 없는 찌는듯이 더운 차를 이용하여 여행을 떠나야 했다. 여행에서 돌아온 삼촌은 열이 너무 심해서 가족들은 그에게 레모네이드와 해열제를 주었다. 그렇지만 다음 날 열은 더욱 심해졌고 결국 혼수상태에 빠졌다. 즉시 병원으로 옮겼으나 마비 증세를 보이더니 사망하고 말았다. 우리 가족은 라마단 기간 동안에 지키는 금식으로 인하여 사람이 사망할 수도 있다는 사실에 말 할 것도 없이 커다란 충격을 받았다.

무슬림들은 무함마드에게 금식에 관하여 많은 질문을 던진다. 금식을 지켜야 할 날(日) 수를 채우지 못한 사람들이 할 수 있는 일에 대해 무함마드가 답한 내용이 여기 있다.

오, 너희 믿는 자들이여! 악을 퇴치하기 위하여 이미 금식에 관하여 너희 조상에게 방법을 이른 것같이 오늘 너희에게 방법을 전하노라. 한 기간을 정하여 금식할지나 병중에 있거나 여행 중인 사람들은 지키지 못한 날(日) 만큼 다른 기간을 택해 같은 날(日) 동안 금식을 행해야 하며 가능한 자는 속전으로 대신할 수 있으니 이는 궁한 자들에게 음식을 제공하는 것이며 더욱이 자신의 결정에 의해서 이러한 선행을 행하는 자들은 그에게 더 큰 상급이 있을 것이라. 너희들이 금식을 행하되 라마단 기간이 모든 인류를 위한 지침이자 지침의 가장 확실한 증거이며(선과 악을 재판하는) 재판의 기준인 꾸란을 계시로 내려주신 기간임을 알며 금식하는 경우에는 더 큰 상급이 너희에게 있을 것이니라. 그러므로 지금 살아있는 모든 자들이 금식을 지켜 행하게 할 것이로되 병중에 있거나 여행 중에 있는 자들은 금식을 지키지 못한 날 수만큼 다른 기간을 택하여 금식을 지켜 행하게 할지니라.
　　　　　　　　　　　　　　　　　　－ 꾸란 2:183~185, 피크탈 역

또 다른 표현을 빌리자면 무함마드는 "좋다. 만약 너희들이 병중에 있거나 여행 중에 있는 경우 너희가 금식을 수행하지 못하는 날(日)마다 가난한 자들에게 자선을 베푼다면 그 기간 동안에는 금식을 거를 수 있도록 알라가 허락하신다. 그러나 너희가 금식을 행하지 못하는 날(日) 동안 매일 가난한 자들을 먹였을지라도 알라가 그 기간 동안에 못 드린 금식을 면한 것은 아니므로 다음 라마단 기간 전에 이를 보충하여야 한다" 라고 말하고 있는 것이다.

내가 한때 이맘이었을 때에 사람들은 내게 다음과 같이 묻곤 했다. "저는 일을 하고 있었습니다. 일에 바쁜 나머지 라마단 기간임을 잊고 가까이에 물이 있기에 그 물을 떠 마셨습니다. 저는 금식의 율법을 어긴 것입니까?"

나의 대답은 늘 이러했다. "어긴 것이 아닙니다. 알라는 자비로우시며 알라는 당신이 잊도록 허락 하신 겁니다. 그래서 당신은 불현

듯 물을 마신 것입니다. 그 마신 물의 양만큼 당신은 알라에게서 선물을 받은 것입니다"

여인들이 금식을 어겼을때에 대한 율법

특별히 여인들은 금식을 거르기가 쉽다. 왜냐하면 여인들에게는 생리기간이 있으며 이 기간을 불결하게 여기는 무슬림은 이 기간에는 여인들에게 금식을 허락하지 않기 때문이다. 무함마드가 무슬림 여인들에게 이러한 문제에 대하여 어떻게 가르쳤는지를 말해주는 유명한 이야기가 있다. 그는 일단의 여인들에게 말했다.

"오 여인들이여, 너희들에게 자비를 베푸나니 내가 본 즉 지옥에는 많은 여인들이 있었음이라"

"왜 그렇나이까?"

"너희들은 수시로 남편을 저주하고 너희 남편들에게 감사하지 않았기 때문이니라.

더군다나 너희들은 지혜와 신앙에 있어서 남자들보다 열등하니라" 라고 무함마드는 대답했다.

"우리가 어찌하여 지혜와 신앙에 있어서 열등합니까?" 여인들은 물었다.

"여인들은 법정에서 두 명의 증인을 세워야 남자 한 명의 증인과 동등한 자격을 갖기 때문이니라. 또한 여인은 자신의 생리 기간 동안에는 금식이나 기도도 드릴 수 없지 않느냐?" 라고 무함마드는 대답했다.[1]

무함마드는 여인들이 신앙적으로 열등하기 때문에 자비를 베푼다고 말했다. 여인들이 생리기간 때문에 금식을 하지 못했다면 그들

---

[1]. See Sahih Bukhari, vol. 1, bk. 6, no. 301, narrated by Abu Said al-Khudri, http://www.usc.edu/dept/MSA/fundamentals/hadithsunnah/bukhari/006.sbt.html (accessed June 11, 2007). All references to Sahih Bukhari are translated by M. Muhsin Khan and are available through the USC- MSA Compendium of Muslim Texts at http://www.usc.edu/dept/MSA/fundamentals/hadithsunnah/bukhari/.

은 가난한 자들에게 자선을 베풀지 않아도 되며 다음 라마단 기간 동안에 이를 보충하면 된다.

라마단 기간 동안의 기타 금식

라마단 기간 동안에 행하는 금식은 단지 음식물과 물을 섭취하지 않는 것만은 아니어서 무슬림들은 성스럽지 못한 행위를 금해야 한다. 만약 누군가가 자신을 모욕하더라도 그들에게 모욕적인 대꾸를 해서는 안 된다. 어느 누군가가 다른 자들에게 문제를 일으키는 경우에도 이를 용서해야 한다. 누군가가 도움을 요청하면 반드시 도와야 한다.

라마단은 성스런 기간으로 간주되었으므로 무함마드는 이 금식기간 동안에는 무슬림들에게 아내와의 동침도 허락하지 않았다. 누군가가 이 율법에 관하여 무함마드에게 질문을 했던 모양이다. 어쩌면 무함마드 자신에게 한 질문인지도 모르겠지만 평생을 13명의 부인과 결혼했던 무함마드는 분명 여성들과의 모임을 즐겼을 것이다. 다음 꾸란에서 말하고 있다.

금식기간에라도 밤에는 너희의 아내에게 다가가는 것을 허용하나니, 그들은 너희의 의복이요, 너희 또한 그들의 의복이기 때문이니라.

- 꾸란 2:187, 알리 역

다른 말로 표현하면 라마단 기간 동안에라도 낮에는 부인과 동침할 수 없으나 밤에는 이것이 허용된다는 것이다. 여러분은 하루의 금식이 끝나는 시간부터 한 밤을 지나 첫 기도가 시작되는 시간 동안에는 아내와 동침이 허용된다는 뜻이다. 앞에서 이미 인용한 바 있는 라마단 기간 동안에 사전에 허락을 받지 않고 아내와 동침하다가 늦잠을 잔 무슬림을 용서하는 계시가 위 구절에 이어서 꾸란에는 계속된다.

알라는 너희들의 심중에 계셔서 너희들이 불신앙으로 행한 모든 일을 알고 계시지만 자비로 너희들을 향하사 너희의 집을 거두어 가시느니라. 그러므로 이제 아내와 잠자리를 같이 하고 알라가 너희들에게 명하신 일을 추구하며 암흑의 장막이 걷히고 새벽 여명이 곧바로 너희들을 비추는 시간까지 먹고 마시라. 그 후 저녁이 올 때까지 완전한 금식을 지키라. 그러나 너희가 사원에 거처를 마련하고 있을 때에는 아내와 함께 하지 말지니라. 이것이 밤이 너희들에게 도달할 때까지 지켜야 할 알라가 정하신 금기이니라. 이렇게 알라는 자기의 지시를 명확하게 하셨으니 사람들은 금욕하여야 할 것이니라.

- 꾸란 2:187, 알리 역

이 구절에는 마지막으로 흥미로운 상세한 내용이 있다. 이 구절에 의하면 무슬림들은 '집을 나와 사원에 거주하고 있는 상태'에서는 아내와 전혀 동침할 수 없다. 몇몇 신실한 무슬림들은 라마단 기간 동안 자신을 바쳐 한 달 내내 기도하며 꾸란을 낭송하면서 사원에 나와 거주하는 일이 잦다. 그들은 성령(천사 지브리일)이 강림하기를 희망한다. 그렇다면 이 말은 사원 내에서 아내와 관계를 맺는 일이 허락되지 않는다는 참으로 이상한 뜻이 되고 만다.

순례여행

하지(hajj)또는 성지순례라고 하는 이것은 무함마드가 제정한 문화의 완벽한 본보기이다. 문화를 떠나서 이것은 무슬림의 대대로 이어지는 전통이 되었다. 메카를 향한 이 성지순례는 무슬림이라면 모두가 일생에 한 번은 반드시 수행하여야 하는 의무이다(꾸란 2:196, 3:97,

5:97참조).

　모든 사람들 가운데 성지순례를 선포할지니, 모든 자들은 걸어서 오거나 사방 먼 길에서 마른 낙타를 타고 너희에게 모일지니라.

- 꾸란 22:27, 샤비르 역

　무함마드의 탄생 이전에도 하지 즉 성지순례는 이미 시행해 오고 있었다. 아라비아의 모든 종족들은 일생에 한 번 또는 할 수만 있다면 더 많이 메카의 사원인 카아바 신전(Al Ka'aba)을 방문하기 위하여 성지순례를 수행해 왔다.

　메카는 이브라힘에 관한 그들의 전통 때문에 아랍인들에게는 성스러운 장소였으며 이러한 전통은 이미 무함마드가 탄생하기 이전에 정착되어 있던 것이었다. 아랍 전통에 의하면 이브라힘은 지금의 이라크에 해당하는 장소에서 메카로 이주했다고 한다. 메카에서 이브라힘은 알라에게 말한다. "어느 곳을 택하여 내가 당신을 위한 집을 지으리까?" 이에 대한 응답으로 알라는 검정 돌을 하늘에서 땅으로 던져 주었는데 이브라힘은 이것을 메카에 알라의 전을 지으라는 알라의 계시로 믿고 그 전을 건축했다. [2]

　이브라힘과 이스마엘은 함께 카아바 신전을 건축하였으며 알라로부터 받은 그 검은 돌을 주춧돌로 사용했다. 이곳은 그 모양이 육면체를 닮은 방 하나짜리 건축물이므로 "육면체"라는 뜻을 가진 아랍어 카아바 신전이 되었다. 이브라힘의 무덤은 이곳으로부터 불과

---

[2]. My teachers at Al-Azhar Middle School taught this story to students in class. You can find variations of it in the different books of Islamic history.

180여 미터밖에 떨어져 있지 않다. 저명한 이슬람 역사학자인 이븐 카티르의 글에 의하면 이브라힘의 무덤은 원래 카아바 신전과 접해 있었으나 두 번째 칼리프였던 우마르가 사람들이 카아바 신전 주위를 원을 그리며 돌때에 방해가 된다는 점을 발견한 후 그것을 동쪽 방향으로 약간 옮기게 했다고 한다.[3]

이슬람 이전에 하지는 메카로만 한정되어 있었다. 성지순례는 카아바 신전에 놓여있는 검은 돌의 주위를 걸어서 돌다가 그 돌에 입을 맞추고 이브라힘의 무덤을 방문하는 것이다. 이러한 하지 전통은 오늘날 무슬림의 커다란 행사가 되어 있다. 그러나 무함마드는 이 하지에 두 번째 지역을 추가하여 놓고는 이것이 첫 번째의 지역보다 결코 덜 중요한 것은 아니라고 선포했다.

그리하여 성지순례지로 메디나가 추가 되었으며 이곳도 방문하여야 한다고 선언했다. 이브라힘이 메카를 성지라고 선언한 것과 같이 무함마드는 메디나도 성지라고 선언하였던 것이다. 다음은 무함마드의 말이다.

이브라힘(성경의 아브라함을 일컫는 아랍어: 역자주)은 메카를 성스러운 땅이라고 칭하였으며 나 또한 이곳의 두 돌 많은 땅 사이에 있는 지역(무함마드가 '라바'의 땅이라고 부르는 이 말은 메디나를 의미한다 편집자 주)을 성스러운 땅이라고 선언하노라.[4]

성지순례를 위하여 메디나를 찾은 많은 사람들을 위하여 무함마

---

3. Ibn Kathir, *The Quran Commentary*, vol. 1, pt. 2 (Mansura, Egypt: Faith Library, 1996), p. 48–49.

드는 자신의 사원에서 기도를 인도했다. 메신저의 사원으로 불리는 이 사원은 무함마드가 이미 메카를 점령한 이후에 메디나에도 세웠다. 내가 믿기로는 이것은 그의 입장에서는 전략적인 이동이었으리라고 본다. 그는 메카에 자기의 사원을 건축함으로써 그 사원이 이브라힘과 카아바 신전의 그늘에 가려지는 것을 보기가 싫었으리라. 그 대신 그는 자신의 사원을 또 다른 도시에 건축하여 그 도시를 성스러운 땅으로 만드는 방법을 택했던 것이다.

뿐만 아니라 무함마드는 이브라힘의 곁에 묻히는 것도 싫어했다. 대신 그는 메디나에 있는 자신의 사원 곁에 장사지내기를 원했다.

내가 직접 하지에 참여 했을 때 나는 무함마드의 사원 내부에 모여든 군중들에 섞여 그들과 함께 예배를 드렸다. 그리고 나는 '무함마드의 묘' 라고 작은 글씨로 표시되어 있는 왜소한 건축물 안에 들어가서 그들과 함께 눈(眼球) 모양을 한 창을 통해 무덤 안을 들여다보았는데 그곳에는 초록색의 비단 덮개가 무덤을 덮고 있었다. 나는 무함마드를 향해

"오, 우리의 메신저여! 알라의 평화가 당신과 함께 하소서." 라고 전통적인 인사말을 했다. 그 후 나는 이브라힘의 묘에서 행했던 것과 동일한 예배를 그곳에서도 드렸다.

무함마드는 매우 영리한 지도자였다. 그는 항상 자신은 알라가 보낸 최후의 메신저이며, 꾸란은 마지막 경전이라고 가르쳤다. 자신의 사원과 무덤을 메디나에 둠으로써 무함마드는 메디나를 이슬람

4. Sahih Muslim, bk. 7, no. 3151,
http://www.usc.edu/dept/MSA/fundamentals/hadithsunnah/muslim/007. smt.html (accessed June 11, 2007). All references to Sahih Muslim are translated by Abdul Hamid Siddiqui and are available through the USC-MSA Compendium of Muslim Texts at http://www.usc. edu/dept/MSA/fundamentals/hadithsunnah/muslim/.

세계에서는 두 번째로 중요한 성지로 만들었으며 그곳을 알라의 마지막 메신저인 자신 즉 무함마드가 모든 이들의 주목을 받는 중심 장소로 만들어 놓았던 것이다.

제5장

일상 생활

여러분이 헌신적 무슬림으로서의 삶을 살아보지 않고서는 이슬람의 율법이 무슬림들의 일상생활을 얼마만큼 완벽하게 규제하고 있는지 상상 조차도 할 수 없을 것이다. 심지어는 화장실에 들어가고 나오는 방법까지도 율법으로 규정하고 있다! 화장실에 들어갈 때에는 왼쪽 발부터 들여야 하며 정해진 기도를 올려야 한다. 나올 때는 오른 발부터 내어 놓고 또 다른 기도를 올린다. 일상생활에서 이슬람의 율법이 미치지 않는 곳이란 거의 없다. 무함마드는 어떻게 잠자리에 들 것이며 어떻게 아침에 잠자리에서 나올 것인지 심지어는 어떻게 꿈을 꾸어야 하는지 조차도 가르치고 있다(한남동의 이슬람성원에 가보면 남자와 여자가 드나드는 계단이 따로 만들어져 있다 - 편집자 주).

본 장에서는 이슬람이 무슬림들의 문화에 얼마나 많은 영향을 끼쳤는지 그 예를 들어 볼 것이다. 다음은 본 장에서 다룰 주제이다.

- 캘린더(달력)
- 금기 음식
- 알코올
- 인사
- 이자(利子)
- 계약(契約)
- 입양(養子)

캘린더(달력)

옛날의 아랍에는 월 별 이름만은 자신들만의 독특한 것을 가지고 있었으나 주로 기독교인들의 태양력 시스템을 사용했다. 그러나 무함마드가 출현하면서 전혀 새로운 시스템의 철저한 자기들만의 달력을 소개하기 시작했다.

무슬림들이 아침에 잠자리에서 깨어나면, 자기들에게 주어진 달력의 날짜는 이슬람이 결정한다. 이슬람의 날짜는 무함마드가 메카에서 메디나로 이주한 날을 첫 기준일로 삼는다. 그리하여 이들의 달력은 히즈라(이주(移住)) 달력이라고 칭한다. 무함마드는 달의 공전을 기초로 태음력을 고안했다. 꾸란에 다음과 같이 기록되어 있기 때문에 태음력을 따르는 것이 이들에게는 의무사항이 되었다.

그들이 너희에게 초승달에 관하여 묻나니 그들에게 대답하라. 그것만이 오로지 사람들의 문제와 성지순례의 문제에 관하여 일정한 기간을 정하는 표식이니라.

- 꾸란 2:189, 알리 역

무함마드는 샤아반(Sha'aban), 라마단(Ramadan), 두 알 히짜(Dhu Al Hijjah: 성지순례 월), 라비 알 아우왈(Rabi al-awwal: 첫 봄), 라비 알 타니(Rabi althani: 두 번째 봄) 등을 포함하여 각 달에 새로운 이름을 도입했다. 이러한 이름들은 무함마드 이전에는 존재하지 않았던 것이다(일종의 태음력과 비슷하나 태음력은 태양력보다 일 년에 11일정도 부족하다. 그래서 부족한 일수를 3~4년마다 윤달이라 하여 한 달을 넣어 태양력과 같은 해를 맞추어 가나 무함마드가 고안해낸 이슬람력은 해마다 11일이 짧다 -편집자 주).

금지된 음식

무슬림이 쇼핑을 할 때에는 구입할 수 없는 음식이 있는데 특히 돼지고기가 그렇다. 그렇지만 무슬림이라도 대단히 굶주리는 처지에 놓이거나 필요에 따라서 강제로 먹어야 하는 경우에는 그러한 음식을 섭취할 수도 있다.

알라는 너희들에게 죽은 동물의 고기, 피, 돼지고기를 금하셨고 알라 이외에 다른 신을 부르기 위하여 사용한 음식도 금하였노라. 그러나 의도적인 불복종의 의사가 없이 필요에 의하여 어쩔 수 없이 먹게 된 경우 율법에서 정한 한계를 넘지 않았다면 죄가 없나니 알라는 지극히 자비롭고 많이 용서하시니라.

- 꾸란 2:173, 알리 역

알코올

이슬람이 시작되기 이전의 아라비아인들은 알코올을 즐겨 마셨다. 틀림없이 누군가는 술에 취한 상태에서 기도를 올렸을 것이다. 그리하여 무함마드는 그들에게 취하지 않고 정신이 맑아 적어도 자신의 기도 내용을 잘 알 수 있는 상태에서 기도하도록 하라고 가르쳤을 것이다. 꾸란은 이렇게 기록하고 있다.

오, 너희 믿는 자들아! 너희가 취했거든 너희가 무슨 말을 하고 있는지 (바로) 알기 전에는 기도 근처에도 가지 말라.   - 꾸란 4:43, 샤비르 역

이슬람에 친숙한 사람이라면 다음과 같이 질문할 수 있다. '왜 이

구절은 술에 취한 무슬림에 관하여 말하고 있는가? 꾸란은 무슬림이 알코올을 마시지 못하도록 규정하고 있지 않은가? 그렇다. 꾸란에는 또 다음과 같이 적혀있다.

오, 너희 믿는 자들아! 알코올과 노름 그리고 돌에 절하는 행위 그리고 화살점은 가증한 것이니 곧 사탄의 작품이니라. 그러므로 그러한 가증한 일을 멀리하라. 그리하면 너희가 번창할 것이니라.　　　　　　　　- 꾸란 5:90, 알리 역

그렇다면 어떻게 하여 기도 중에 너희가 술에 취하지만 않는다면 괜찮다는 구절이 꾸란에 있을 수 있는가? 이것은 나시크(nasikh) 즉 우리말로 '폐기' 라는 꾸란의 해석원리의 완벽한 예이다. 기본적으로 이 원리는 (구절 사이에) 모순이 존재할 때에는 오래된 계시는 새로운 계시에 의하여 취소된다는 의미인 것이다. 결과적으로 꾸란에서는 계시가 언제 주어졌느냐를 아는 것이 매우 중요하며 이슬람 학자들은 이것을 결정하기 위해 지금도 지대한 노력을 기울이고 있다.

무슬림으로 하여금 술에 취하여 기도하지 말도록 한 계시는 아마도 A.H.(After Hijra) 5년에 주어진 것으로 보이며 한편 술을 일체 금한 계시는 약 A.H. 6~7년에 주어진 것으로 보인다. 이제 이 구절은 쉽게 이해할 수 있다. 새로운 구절이 낡은 구절을 폐기 처분했다는 것이다. 그리고 오늘날까지 헌신적 무슬림은 알코올이나 각성제와 같이 사람의 정신에 영향을 미치는 물질은 사용하지 않는다.[1]

하디스에서도 무슬림 사회에 술이 금지된 사연을 발견할 수 있는

---

1. These dates were obtained by looking at the Surah commentary by Syed Abu-Ala°Ø Maududi available through the USC-MSA Compendium of Muslim Texts at http://www. usc.edu/dept/MSA/quran/maududi/mau4.html and http:// www.usc.edu/dept/MSA/quran/maududi/mau5.html (accessed May 19, 2007). The University of Southern California Web site makes it easy to look at Maududi°Øs commentary on specific chapters of the Quran.

작은이야기가 있다.

아나스 이븐 마리크(Anas ibn Malik)의 말이다. "나는 아부 우바이다 이븐 알 자르라(Abu Ubayda ibn al Jarrah)와 아부 타르하 알 안사리(Abu Talha al Ansari)와 우마이이 이븐 캅(Umayy ibn Kab)에게 술을 대접하고 있었다. 술은 으깬 마른대추야자 열매와 말린 대추야자 열매로 빚은 것이었다. 그 때 누군가가 다가오더니 그들에게 '술은 부정한 것으로 빚었노라' 고 말했다. 아부 타르하는 어서 가서 술동이를 가져와 깨뜨리라고 명령했다. 나는 일어나 그 밑바닥을 두드려 깨뜨려 버렸다."[2]

인사

자신의 고향인 메카를 떠나 메디나로 이주해 가기 이전, 메카에서 이슬람을 전하던 12년 동안은 무함마드가 특별히 우상숭배자들로부터 어려움을 당하고 있었다. 우상숭배자들은 그를 조롱했으며, 그를 늘 괴롭혔다. 우상숭배자들은 거리에서 무함마드를 만나면 그에게 다음과 같이 말함으로써 조롱 섞인 인사를 건네곤 했다. "무함마드여, 네게 독배가 내릴 지어다." 이것은 곧 그가 죽기를 비는 인사였다.

이러한 인사에 지친 무함마드는 간구했다. "알라여, 내게 인사에 관한 계시를 내리시옵소서."

그리고 **너희**가 인사말을 건네받거든 받은 말이나 또는 그보다 더 좋은 말로서 **화답하라.** 진정 알라는 이 모든 일을 마음에 두시니라.   - 꾸란 4:86, 샤비르 역

2. Malik°Øs Muwatta, bk. 42, no. 42.5.13,
http://www.usc.edu/dept/MSA/fundamentals/hadithsunnah/muwatta/042.mmt.html (accessed June 11, 2007). All references to Malik°Øs Muwatta are translated by Aisha ÆAbdarahman at-Tarjumana and Ya°Øqub Johnson and are available through the USC-MSA Compendium of Muslim Texts at http://www.usc.edu/dept/ MSA/fundamentals/hadithsunnah/muwatta/.

이 구절로 인해서 무슬림들은 자기가 받은 인사말을 상대에게 그대로 전하거나 그 보다 좀 더 나은 말로써 인사에 답례할 수 있게 되었다. 그래서 만일 누군가가 무슬림에게 "너에게 독배가 내릴 지어다"와 같은 모욕적인 말을 했을 때에는 "너에게도 같은 독배가 임할 지니라" 하고 동일하게 그를 모욕을 할 수 있다. 한편 어느 누군가가 무슬림에게 "너에게 평화가 임할지라" 라고 인사하는 경우에는 그에게 동일한 말이나 그 보다 더 좋은 말로써 답할 수 있다.

이렇게 하여 무함마드 시대의 공식적인 인사말이 "너에게 평화가 임하기를 원하며, 알라의 자비와 축복이 그대에게 임할 것을 원하노라" 로 정착되었다. 이것은 '평화가 그대에게' 라는 기본적인 인사에 '알라의 자비와 축복이 그대에게' 라는 더 좋은 말이 추가된 것이다. 이것은 격식을 갖춘 공식적이고 완벽한 인사법이었다. 세계 어느 이슬람 국가에 가든지 여러분들은 이 인사말을 들을 수 있을 것이다. 때로는 축약된 "평화가 그대에게" 라는 인사말을 듣기도 하지만 반면에 "평화가 그대에게 임하기를 원하며 알라의 자비와 축복이 그대에게 임하기를 원하노라" 라는 공식적인 완전한 인사말도 들을 수 있다.

이자(利子)

경제에 관한 규칙을 포함하여 이슬람 시스템은 사회가 움직이는 여러 주요 분야를 하나도 빠짐없이 총망라하고 있다. 이러한 경제에 관한 규칙의 일부가 하디스가 아닌 꾸란에 기록되어 있으며 따라서 이러한 규칙들은 기도, 성지순례, 자선의 실천 등과 같은 다른 이슬람 율법과 동일한 구속력을 가지고 있다. 특별히 꾸란은 알라가 고리대금업에 대하여 축복하지 않을 것이라고 말한다.

알라는 고리대금을 축복하지 않을 것이나 관대한 행위는 번영케 하시리라. 그리고 알라는 감사할 줄 모르는 죄인을 사랑하지 않을 것이니라.

- 꾸란 2:276, 샤키르 역

만약 이 구절이 단지 고리대금을 축복하지 않는다고만 말하고 있다면 다음 구절은 상황을 좀 더 구체적으로 묘사하고 있다.

오, 너희 믿는 자들아! 알라를 경외할 것이며 너희가 진정 믿는 자들이라면 고리대금으로 아직 덜 받은 것이 있을지라도 이를 포기하여야 하느니라. 만일 너희가 이것을 행하지 아니하면 알라와 그의 메신저의 선전포고를 받느니라. [3]

- 꾸란 2:278~279, 알리 역

이 계시를 받게 된 배경에 관한 이야기를 여기에 소개한다. 이슬람 학자 이븐 타이미야(ibn Taymiyyah)에 의하면 타이프(Taif) 사람들은 이슬람을 받아들였음에도 불구하고 여전히 고리대금업을 행하고 있었다고 한다.[4] 알라는 그들에게 고리대금업을 중단하고 무이자로 원금만 즉시 회수할 것을 명령하였고 그렇게 하지 않으면 그들을 향하여 전쟁을 선포할 것이라고 무함마드는 경고했다고 한다.

계약(契約)

고리대금업을 금지한 것 외에도 꾸란은 두당사자가 계약을 체결

---

3. I sometimes have people complain that I distort the Quran by only quoting part of a verse or a passage. I dothis to make it easier for the reader who tends to get bogged down in too much wordiness. But for the record, here is the rest of the passage about usury: "But if ye turn back, ye shall have your capital sums: Deal not unjustly, and ye shall not be dealt with unjustly. If the debtor is in a difficulty, grant him time till it is easy for him to repay. But if ye remit it by way of charity, that is best for you if ye only knew" (Surah 2:279-280, Ali). This basically says that Allah will forgive this group of people for charging interest if they treat the debtors with kindness, such as giving them extra time to pay. This sounds nice for the debtor, but the point I am trying to make is that this kindness was obligated upon the lenders by the threat of war.
4. Abdul Salam Faraj, "Today'Øs Rulers Are in a Retreat Away From Islam£¨" in The Abandoned Duty£¨ quoted in Rifaat Sayed Ahmed, The Armed Prophet (London: Riad El-Rayyes Books, 1991, in Arabic).

하는 방법을 상당히 구체적으로 적고 있다. 계약 체결에 관하여 상세히 규정하고 있는 내용을 꾸란의 구절에서 보자.

오, 너희 믿는 자들아! 너희가 확정된 조건으로 빚을 얻을 때에는 그것을 서면으로 작성할 지니라. 서기로 하여금 너희들 사이에서 공평한 조건에 따라서 계약서를 서면으로 작성케 하라. 어느 서기도 알라가 그에게 가르쳐준 대로 계약서를 작성하는 일을 거부할 수 없을지니 그들이 그 계약서를 작성하여야 할 것이며, 빚을 얻은 자로 하여금 그 내용을 받아쓰게 하고 그로 하여금 자기의 주 알라 앞에서 자기의 의무를 준수하게 하도록 만들 것이며, 그 의무 중 어떤 것도 경감 받을 수 없게 할지니라. 그러나 만일 빚을 얻은 자가 이해하지 못하거나 연약하거나 또는 자신이 받아 쓸 능력이 없는 경우라면, 자신의 이익을 대변하는 자로 하여금 공평한 조건으로 그 계약서를 작성하게 할 수 있느니라. 그리고 너희들 중에서 두 명의 남자를 증인으로 택하여 세울지니라. 그러나 만약 증인으로 세울 두 명의 남자가 곁에 없으면 너희들이 합당하게 생각하는 한 명의 남자와 두 명의 여자를 증인으로 세울 수 있으니, 만일 한 증인이 (잊어버림으로) 잘못을 행 할 경우에는 다른 한 증인이 이를 생각나게 할 수 있게 할지니라. 그리고 증인으로 부름을 받은 자는 이를 거절할 수 없노라. 계약 액수의 크기를 불문하고(계약의 조건을 적어 넣는 것과 함께) (계약을) 서면으로 작성하는 일은 반대할 수 없노라. 서면계약이야말로 알라 앞에서 매우 공정한 것이며, 명확한 증거이고 너희 사이에 의심을 피할 수 있게 만들어 주는 최선의 방법이니라. 다만 너희 사이에서 손과 손으로 직접 건네는 실상거래의 경우에는 이를 면하여도 되나니 그러한 경우에는 계약서를 작성하지 않아도 죄가 되지 않느니라. 그리고 너희가 다른 이에게 물건을 판매할 경우에는 증인들을 세울지나 그 서기나 증인에게 아무런 피해가 돌아가지 않도록 하여야 하느니라. 보라! 너희가 그들에게 해를 끼친다면 이것은 너희에게 죄가 되느니라. 알라가 너희에게 가르치고 있느니라. 그리고 알라는 모든 것을 다 아시는 자시니라. — 꾸란 2:282, 피크탈 역 무함마드는 사람이 돈을 빌릴 때에 해야 할 일과 하지 말아야 할 일을 상세하게 언급하고 있다. 그는 계약을 서면으로 작성하여야 할 것과 그 계약은 돈을 빌린 자나 돈을 빌려준 자 또는 그의 대리인이 받아쓰도록 하고 있으며 두 명의 증인 또는 사정이 여의치 않으면, 한 명의 남자와 두 명의 여인을 증인으로 세워야 한다고 설명하고 있다. 또한 계약조건이 계약서에 명시되어야 한다는 등 여러 가지를 설명하고 있다.

무함마드는 모든 사람들의 삶에 이슬람의 율법이 지배하도록 교묘하게 만들어 놓았다.

입양

아프가니스탄과 이라크에 대한 미국의 침략 직후, 아프가니스탄에 적지 않은 고아들이 발생하자 미국의 입양 관련 기관에서는 새로운 가정에 그들을 소개함으로써 그들이 고아로 자라지 않도록 돕기를 원했다. 그러나 이슬람 정부는 이러한 입양 관련 기관을 추방함으로써 그 어린 아이들을 돕는 일을 허락하지 않았다. 그 입양 관련 기관들은 이슬람 율법이 입양을 금하고 있다는 사실을 알고는 경악을 금할 수 없었다. 무슬림의 가정은 입양을 할 수 없으며 당연히 무슬림 아이들은 입양 해 갈 수가 없다.

일반적인 무슬림들은 이슬람의 교리에 결코 의문을 제기할 수 없기 때문에 입양을 금지한 율법도 자연스레 받아들이고 있다. 종교 지도자들은 이슬람 민족은 최후로 선택을 받은 민족이며, 이 지구상에서 가장 뛰어난 민족이라고 설명한다. 그렇기 때문에 무슬림의 아이들도 다른 비 무슬림의 국가 아이들과 비교했을 때 그들보다 더욱 높은 지위에 있다는 것이다. 즉 이슬람 율법 외에는 이슬람의 어린

이들의 삶을 지배할 수 있는 어떤 권위도 이 지구상에서는 존재할 수 없다는 논리인 것이다. 어린이들의 부모가 사망하면, 이 어린이들은 국가가 돌보아야 하는 것이다. 이슬람 국가의 어린이들은 결코 다른 나라 특히 기독교 국가의 사람들에게 입양시킨 예가 전혀 없다.

이 설명만으로 왜 무슬림 국가에서는 입양을 금지하는지 그 이유가 충분할 것으로 보인다. 그렇지만 이것만으로는 왜 무슬림국가가 입양을 금하는지 그 숨어있는 진정한 이유를 알 수는 없다. 이런 의문에 대답을 얻기 위해서는 무함마드의 생을 살펴보아야 한다. 왜냐하면 그 때부터 입양 제도가 금지되기 시작했기 때문이다. 대부분의 무슬림 국가 사람들도 이런 무슬림 역사를 알지 못한다.

이슬람이 출현하기 이전의 아랍에서는 이미 입양제도가 시행되고 있었다. 아라비아인들에게는 입양을 하는 일이나 자기의 아이를 양자로 주는 일이 전혀 문제가 되지 않았다. 심지어는 무함마드에게도 자이드 이븐 하리타(Zaid ibn Haritha)라고 불리는 양자가 있었다. 자이드는 무함마드의 친구가 부리는 노예였는데, 이 친구가 자이드를 무함마드에게 선물로 주었던 것이다. 무함마드는 자이드를 자유인으로 풀어준 후 그를 자기의 양자로 삼았다. 무함마드에게는 이미 두 아들이 있었으나 어려서 죽었고 오로지 남은 아이들은 딸뿐이었으므로 그에게 아들이 필요했기 때문이다. 무함마드는 양자인 자이드가 자기 문중에 속한 자이넵 빈트 자흐시(Zaineb bint Jahsh)라고 불리는 훌륭한 가문의 여인과 결혼을 하도록 주선했다.

어느 날 무함마드는 자기의 아들인 자이드를 보기 위해 그의 집을 찾았다. 그러나 자이드는 집을 비우고 없었다. 대신 며느리가 아들을 대신하여 문을 열어 주었다. 그때 무함마드는 며느리의 얼굴을 보았다. 이것이 며느리를 처음 본 것은 아니었지만 몇몇 역사가들의 말에 의하면 그녀가 문을 열어 주었을 때 그녀는 미처 옷을 다 차려 입지 못하고 있었을 것이라고 한다. 이것은 옷을 다 차려 입지 않은 상태로 대면한 자기 며느리의 첫 모습이었다. 그녀의 모습은 참으로 아름다웠다.

무엇인가가 그의 마음을 움직였다. 무함마드는 아들을 찾기에 앞서 다음과 같이 말했다. "마음을 움직인 자에게 찬양을 돌릴 지어다." 이는 그녀의 아름다움을 발견하고, 자기의 마음이 그렇게 움직이게 하신 신에게 경의를 돌린다는 뜻이다.

무함마드는 며느리에게 "자이드한테 내가 왔었다고 전하거라." 라는 말을 남기고 그곳을 떠났다. 그 후 그에게는 하나의 문제가 발생했다. 자기의 며느리에 대한 흠모로 그의 마음이 늘 어지럽게 되었던 것이다. 더구나 그런 심정을 아들이나 아내들 또는 친구들을 포함하여 그 어느 누구에게도 말할 수가 없었으니…

심지어는 며느리와 양자가 이혼을 한다고 하더라도 며느리와는 결혼할 수가 없었다. 왜냐하면 이슬람 이전의 전통에 의하면 아버지는 딸이나 며느리와는 결혼할 수 없었기 때문이다. 이 때 알라가 천사 지브리일을 보내 계시가 내려왔다.

알라는 아무에게도 자신의 몸에 두 마음을 허락하지 아니 하셨으며, 너희가 어머니라 부를(너희의 어머니가 될) 아내를 만들지 아니 하셨고, 너희가 아들이라 부를(너희의 아들이 될) 사람을 만들지도 아니 하셨으니 이러한 것들은 오직 너희의 입술에서 나오는 (공허한) 말일뿐이니라. 오직 알라만이 진리를 아시고 길을 보이시는 자 이시니라.
                                                                  - 꾸란 33:4, 피크탈 역

이 구절에서 알라는 무함마드에게 감정을 감추지 말라고 말한다. "너는 자이넵을 며느리로 인정하는 한, 마음을 그녀에게 빼앗겨 그녀를 자신의 것으로 만들고 싶어 하는 두 마음을 품은 채 더 이상 삶을 살 수가 없다." 동시에 알라는 그녀의 시아버지가 되는 문제도 해결해 주었다. 그는 다음과 같이 말을 함으로써 입양의 문제를 불법화시켰던 것이다. "알라는 너희가 아들이라고 부를(너희의 아들이 될) 사람을 만들지 아니하셨으니"

무함마드가 이러한 해법을 세상에 내 놓자 온 세상이 발칵 뒤집혔다. 우상숭배자, 유대인, 기독교인 심지어는 자신의 추종자들조차도 마찬가지였다. 모든 사람들에게 충격이었다. 더 이상 입양은 안 된다고? 알라에게 도대체 무슨 일이 일어난 것이란 말인가? 입양제도는 수세기에 걸쳐 실행되어온 제도였다. 비록 일반 사람들은 왜 갑자기 입양을 금지하는지 그 동기를 알 수는 없었지만, 알라는 무함마드에게 그가 갖기를 원하는 무대를 만들어 주었다.

자이넵은 영리한 여자였다. 그녀는 무함마드가 자기와 사랑에 빠졌다는 것을 간파하자 자기의 남편을 늘 괴롭혔다. 그녀는 무함마드가 입양제도를 폐기한 의도를 알아차렸다. '이제 무함마드가 입양제도를 폐기하였으므로 자이드는 더 이상 무함마드의 양자가 아니다. 따라서 나도 더 이상 무함마드의 며느리가 아니다. 무함마드는 나와 결혼할 수 있을 것이다.'
결국 자이드는 자신의 아내와 이혼하였고 무함마드는 자이넵에게 청혼하여 그 두 사람은 결혼했다. 이것이 무함마드의 다섯 번째 결혼이며, 이로 인하여 이슬람세계에서는 입양이 불법화 되었다.[5]

---

5. See Surah 33:37-38; Ibn Kathir, *The Quran Commentary*, vol. 3, pt. 6, p. 239; Sahih Bukhari, vol. 9, bk. 93, no. 516, narrated by Anas, http://www.usc.edu/dept/MSA/fundamentals/hadithsunnah/bukhari/09 3. sbt.html (accessed June 11, 2007).

결론

　이것을 읽고서도 여러분은 서방의 제도가 이슬람식 삶의 방식과 경쟁할 수 있다고 생각하는가? 여러분은 종교에서 문화를 분리해 낼 수 없으며 문화에서 종교를 분리할 수 없다. 무슬림들은 꾸란이 알라의 참 말씀이라고 믿어야만 한다. 꾸란에 무엇이 쓰여 있든지 그것은 자신들의 삶을 지배할 것이며 결국 무엇을 먹을 수 있으며 무엇을 마실 수 있으며 무엇을 할 수 있는가를 결정할 것이다. 여러분은 도대체 어떻게 하여 이 문화를 종교에서 분리해 낼 수 있겠는가?

제6장
무슬림에 대한 고정 관념

　　고정관념이란 말은 서방사람들에게는 좋지 않게 들리는 말이다. 만일 당신이 서방사람에게 고정관념을 가지고 있는 사람이라고 비방하면 그는 심한 책망을 받은 것으로 여긴다.

　　편견 또한 명예를 훼손하는 말이다. 만일 당신이 서방 사람에게 차별적 시각을 가진 사람이라고 비방하면 그의 명예는 심각하게 손상을 받게 된다.

　　프로파일링(profiling, 인종적 · 집단적 표적을 대상으로 경찰이 범죄자 검거를 위해 불심 검문·수색을 하는 행위 – 역자 주)이라는 말도 서방사람들에게는 부정적인 감정을 갖게 만든다. 프로파일링이란 것이 타인을 해할 가능성이 있는 어느 위험한 사람의 성격을 규정하는 실용적인 방법으로 쓰이기도 하지만 '프로파일링' 과정을 통해서 전혀 문제가 되지 않는 한 개인을 고정된 틀 속에 가두어 버릴 수도 있기 때문에 이 말에 대하여 걱정하는 것이다.

서방의 무슬림사회는 자기들이 모든 점에서 고정 관념과 차별 또는 프로파일링의 희생물이라고 주장한다. 그런 일들은 불공평하며 자신들이 가지고 있는 권리를 침해한다고 주장하기도 한다.

그러나 이슬람 문화가 비이슬람 문화에 대하여 가지고 있는 의견은 아이러니컬하게도 이슬람의 교리에 충실한 하나의 고정 관념이다.

무슬림들에게 이슬람의 믿음을 거부하는 자들은 모두 카피르(kafir : 이교도)이다. 이 말을 영어로 옮기자면 그저 단순히 '불신자'라고 할 수 있음에도 불구하고 대부분의 경우 '이교도' 라는 뜻으로 해석되고 있으며 무슬림 문화에서 이 말에 동반되는 해묵은 인습을 표현해 주는 더 없이 훌륭한 일을 감당하고 있다. 무슬림 세계는 일반적으로 카피르들은 불결하고 신뢰할 수 없는 자들이라는 신념 즉 고정 관념을 가지고 있다.[1]

만약 여러분이 꾸란의 교리에 의하여 이미 왜곡되게 세뇌된 사람이 아니라면 여러분은 무슬림에게 이렇게 물을 수 있는 용기가 있을 것이다. "여러분들은 어찌하여 내가 여러분들이 믿는 것과 다른 것을 믿는 다는 이유 하나만으로 나를 이런 식으로 판단하느냐? 당신이 알라란 말이냐?"

그러면 그들은 대단히 겸손한 태도로 이렇게 대답할 것이다. "오, 유감스럽게도 당신은 그런 식으로 생각하시는군요. 그렇습니다. 나

1.The USC-MSA Compendium of Muslim Texts defines kafir as "a person who refuses to submit himself to Allah (God), a disbeliever in God, "while kafr, a similar spelling and definition, means "to show ungratefulness to Allah and not to believe in Him and His religion." See http://www.usc.edu/dept/MSA/reference/glossary/term.KAFIR.html and
http://www.usc.edu/dept/MSA/reference/glossary/term.KUFR.html (accessed June 11, 2007).

는 당신의 말에 동의합니다. 나는 알라가 아니지요. 따라서 나는 당신을 판단할 수 없습니다. 알라만이 당신을 판단할 수 있습니다. 나는 그저 알라가 말한 것과 그가 선포한 것을 전달할 뿐입니다." 무슬림은 당신에게 솔직한 답을 하고 있는 것입니다. 왜냐하면 꾸란은 그에게 믿지 않는 자들에 대하여 어떻게 생각해야할 지를 가르쳐 주고 있기 때문입니다.

웹스터(Webster) 사전에 의하면 고정 관념이란 '과도하게 단순화된 의견, 편견에 입각한 태도, 무비판적인 판단' 이라고 정의하고 있다. 자, 이제 꾸란이 비 무슬림들을 어떻게 표현하고 있는지를 살펴본 후에 그것이 고정 관념인지 아닌지 생각해 보기 바란다. 그렇지만 여기서 우리는 모든 무슬림들이 이런 관념을 모두 용납하는 것은 아니다는 점을 받아들이기 바란다. 비록 거의 대다수의 무슬림들이 이런 관념을 받아들이는 편이지만 내가 알기로는 몇몇 생각이 있는 무슬림들은 그렇지 않다. 그들은 용감하게도 대부분이 당연히 받아들이고 있는 이슬람 문화에 대하여 정면으로 반대 의견을 낸다. 나는 그들에게 박수를 보낸다.

비 무슬림에 대한 일반적인 편견

비 무슬림들은 불결하다
일반적으로 무슬림들이 비 무슬림들을 볼 때에는 그들이 유대인이든 기독교인이든 불교 불자든 힌두교도이든 아니면 어떤 다른 종교인이든 그들을 불결하다고 여긴다.
꾸란은 이렇게 말하고 있다.
오, **너희 믿는 자들아!** 진정으로 말하나니, **패건**(Pagan: 이교도 혹히 고대의 다신교도들을 경멸적으로 부르는 말: 역자주)들은 **나자순**(najasun, 불결)하니라. 그러므로 그들이 사용하는 달력의 금년으로부터 시작하여 그들이 (메카의) 성스러운 사원에 더 이상 접근하지 못하게 할지니라. — 꾸란 9:28, 알리 역 (무신 칸 역 비교참조)

꾸란 전체를 통틀어서 이 특별한 단어 나자순이란 말은 오직 이 한 구절에만 사용되었을 뿐이지만, '불신자들은 불결하다' 는 편견은 이슬람 문화 전체에 걸쳐서 널리 형성되었다. 왜냐하면 꾸란과 무함마드의 불신자에 대한 총체적인 기조가 전혀 변함이 없기 때문이다.

이 구절은 특별히 비 무슬림들은 카아바 신전에 접근할 수 없다고 언급하고 있고 이로 인해 오늘날까지도 사우디아라비아의 메카에 있는 대사원에는 비 무슬림들이 접근할 수 없다. 지금 여러분이 비 무슬림 여행객으로 사우디아라비아를 여행한다면 당신은 불결한 사람이라고 간주되기 때문에 결코 그 사원의 내부를 들여다볼 수 없을 것이다.

이런 태도는 무슬림들이 인간애를 가지고 비 무슬림들을 형제나 자매로 받아들일 수 없게 만드는 요소이다. 이는 편견과 차별과 분리주의를 조장하는 원인이 되고 있다.

비 무슬림들은 무슬림에 비해 열등하다

불신자들은 불결하기 때문에 무슬림들은 자신들이 늘 불신자들의 우위에 있다고 여긴다. 꾸란은 무슬림들이 이 세상의 어느 인종보다도 우수하다고 여기도록 가르친다.

너희는 인류(의 이익)를 위하여 일으킨 나라들 가운데 으뜸이니라. 그러므로 **너희는** 옳은 일에 참여하고 악한 일을 금하며 알라를 믿을지니라. 또한 성경의 사람들이 (알라를) 믿으면 그들에게는 더욱 좋은 일이 될 것이로되 그들 가운데는

믿는 자가 적었으니 오히려 대부분은 죄인이 되었느니라. — 꾸란 3:110, 샤키르 역

이 말은 무슬림들이 "성경의 백성들(유대인과 기독교인)" 을 대신하였으므로 자기들이 가장 우수하다고 가르치고 있다. 왜 알라는 성경의 백성들을 배척하는 대신 무슬림을 선택하였는가? 꾸란에 의하면 처음에는 유대인을 선택함을 받은 사람이라고 말하고 있다.

오, 이스라엘의 아들들아! 너희들에게 내가 내린 나의 은총을 생각하며 너희 나라를 탁월하게 만든 일을 생각하라. — 꾸란 2:47, 샤키르 역

그렇지만 유대인들은 알라에게 불복종하였기 때문에 알라가 그들을 저주했다. 이스라엘의 자녀들 가운데 믿지 않는 자들은 다윗과 마리아의 아들 예수의 혀로써 저주를 받았나니 이는 그들이 불복종하고 한계를 넘어섰기 때문이니라.

— 꾸란 5:78

무슬림들은 과거에 유대인들에게 알라가 베풀어주신 모든 유익 즉 모든 축복과 권위를 유대인의 반역으로 인하여 그들에게서 다 빼앗아버린 후 무슬림들을 세상에서 가장 빼어난 국가로 들어 올렸다고 믿는다.

무슬림들은 유대인들이 참 하나님을 경배하고 그를 다른 민족에게 전한 민족이었다고 인정하는 한편 오늘날에는 자기들이 그들이 행하던 역할을 담당하고 있다고 여긴다. 그들은 자기들이야말로 순결하고 알라로부터 정결함을 입은 참 신자들이라고 믿는다.

비 무슬림은 믿을 가치가 없다

무슬림의 아이들은 자기의 부모, 방송국, 학교, 신문 등 다양한

언론매체로부터 영향을 받는다. 그들은 어릴 때부터 수시로 무슬림이 아닌 자들은 절대 신용하지 말라고 배운다. 꾸란은 말한다.

그리고 너희의 믿음을 따르지 않는 자를 믿어서는 안 되느니라. 들어라! 이 지침은 알라의 지침이니라.
— 꾸란 3:73, 알리 역

일반적으로 무슬림들은 직장이나 이웃 또는 기타 다른 곳에서는 친구로서 지내지만, 결코 비 무슬림들에게는 진정한 믿음을 주지 않는다. 이는 꾸란이 참으로 여러 곳에서 불신자들의 성향에 대하여 경고하는 말을 하고 있기 때문이다. 꾸란은 불신자들이 무슬림을 타락시키고 멸망시키려고 한다고 말하고 있으며 불신자들은 무슬림들을 증오하고 있다고 가르치고 있다.

오, 너희 믿는 자들아! 너희와 동일한 대열에 있지 아니한 사람들과 친분을 맺지 말지니라. 그들은 언제나 너희들을 타락시킬 것이니라. 그들은 오직 너희들의 멸망만을 바라고 있느니라. 그 사람들의 증오가 이미 그들의 입에 나타나 있느니라. 그들이 마음에 감추고 있는 것들은 더욱더 악하니라. 너희들에게 지혜가 있다면 내가 이미 그런 징표를 너희에게 나타내 보였음을 알리라.
— 꾸란 3:118, 알리 역

무슬림의 배교를 획책하는 유대인과 기독교인들

꾸란은 무슬림들이 비 무슬림들의 동기를 의심하게 함으로써 무슬림과 유대인 그리고 기독교인 사이에 이루어진 관계를 서서히 파괴시킨다. 꾸란은 말한다.

그리고 유대인들은 결코 너희들을 기뻐하지 않을 것이며 기독교인들은 너희들이 자기들의 종교를 따르기 전에는 결코 너희들을 기뻐하지 않을 것이니라. 들으라, 진정으로 알라의 지침 곧 그것이 (참) 지침이니라. 그리고 만일 너희들이 너희들에게 들어 와 있는 그 지식 이후에도 그들(유대인과 기독교인)의 욕망을 좇으면 너희들은 알라로부터 아무런 보호도 받지 못하며 도움도 없을 것이니라. 내가 반드시 읽으라고 준 책(꾸란)을 받은 자들아, 그것을 반드시 읽어야 할 것으로 알고 읽으라. 이것들을 믿으라. 누구든지 믿지 않는 자는 그들이 곧 버림받은 자들이니라.

- 꾸란 2:120-121, 샤키르 역

그리고 그들은 '유대인이나 기독교인들이 되어라. 그리하면 올바르게 인도하리라'하고 말하리라. (오, 무함마드여! 그들에게) 대답하라. 아니노라, 우리는 오직 곧고 우상숭배자가 아니었던 이브라힘의 믿음만을 (따르겠노라).

- 꾸란 2:135, 피크탈 역

그리하여 무슬림들은 늘 유대인과 기독교인들이 무슬림을 무슬림의 믿음으로부터 떠나게 하려고 은밀히 획책하고 있다는 말을 듣게 되며 결국 이런 말이 그들을 극히 방어적으로 만든다.

또한 그들은 유대인이나 기독교인들과 사귀게 되면 그 무슬림은 '그들과 같은 사람'이 된다는 말도 듣게 되는데 이는 이슬람의 믿음을 거부하는 것이 된다는 의미가 된다.

오, 너희 믿는 자들아! 유대인이나 기독교인들을 너희들의 친구나 보호자로 삼지 말지니라. 그들은 오직 자기들끼리만 친구가 될 수 있기 때문이니라. 그리고 너희들 가운데 (그들과 친구가 되기 위하여) 그들에게로 돌아서는 자는 그들과 같은 자이니라. 진실로 알라는 정의롭지 않은 자는 인도하지 아니하느니라.

- 꾸란 5:51, 알리 역

유대인은 무슬림의 최대의 적

일반적으로 유대인과 기독교인들은 같은 부류로 묘사되지만 꾸란의 다음 구절에서는 이들을 구분하여 유대인들을 '믿는 자들에게 적대적인 사람들 중에서 가장 위험한 존재'라고 말하고 있다. 무슬림들은 지금도 유대인이 그들에게는 가장 포악한 적이라고 믿는다.

> 너희들은 믿는 자들을 적대시하는 자들 중에서 가장 포악한 적은 유대인과 다신교를 믿는 자들이라는 것을 틀림없이 알 것이며 믿는 자들에게 가장 좋은 친구가 될 수 있는 사람들은 '우리는 기독교인들 이니라' 라고 말하는 사람들임을 알게 될 것이니 그들에게는 사제와 목사가 있고 또 그들은 오만하게 행동하지 않기 때문이니라.
>
> — 꾸란 5:82, 샤키르 역

이 구절은 여러분이 무슬림들이 왜 유대인들을 불쾌하게 생각하는지 이해하는데 도움을 주지 않는가?

결론

이제 나는 여러분이 '당신은 불신자들에 대한 고정 관념을 가지고 있는 이슬람에 대하여 불평한다. 그러나 당신도 무슬림들에 대하여 고정 관념을 가지고 있지는 않은가? 당신도 역시 저들과 마찬가지로 무슬림에 대하여 고정 관념을 가지고 있다' 고 말하게 만들 준비가 되었다.

이 물음에 대하여 나는 무슬림의 문화에 대하여 전체적인 시각에서 글을 쓰고 있는 중이다 라는 것이 나의 대답이다. 나는 어느 개인도 이러한 묘사에 정확하게 일치하는 사람은 없다는 점을 인정한다. 모든 사람들은 각자 자신이 가지고 있는 장점으로만 평가를 받아야 한다고 나는 1백 퍼센트 확신한다.

그럼에도 불구하고 무슬림 문화는 비 무슬림들을 평가함에 있어서 동일한 관대함을 보여주지 않는다. 통치 수단으로 사용되고 있는 무슬림 문화는 여러 의견들을 일종의 굴레로 만들어 사회 전체에 덮어 씌우고 개인의 예외성은 인정하지 않는다.

제7장
비 무슬림에 대한 장벽

    무함마드가 계시를 받기 시작할 무렵 첫 일 년 동안은 자기들만의 단체가 형성되기 시작하였는데 그들 모두는 최근에야 개종한 종교적인 새내기들이었다. 이 당시의 무슬림들은 사회의 소수계층이었고 때로는 자신의 가족만으로 구성된 경우도 있었다. 그들은 이슬람을 받아들이지 않는 사람들을 어떻게 대처해야 하는 지에 대해서도 많은 질문에 대한 답을 가지고 있었을 것이다.

    앞 장에서는 꾸란이 믿지 않는 자들을 어떻게 정의하고 있는지 알아보았다. 즉 무슬림들에게 믿지 않는 자들은

- 불결한 자
- 열등한 자
- 신뢰할 수 없는 자
- 이슬람의 파괴를 꾀하는 자
- 무슬림의 적으로 간주되는 자들 임을 알게 되었다

이러한 관점에서 보면 무함마드가 늘 무슬림들로 하여금 가족까지 포함해서 믿지 않는 자들과 자신들을 철저하게 분리시켜야 한다고 가르친 것은 전혀 놀라운 일이 아니다.

이슬람 문화는 스스로를 보호하기 위하여 고안된 것이다. 이슬람 문화는 사람들을 이슬람에 묶어 놓고, 비 무슬림들과 무슬림을 격리시키기 위하여 창안된 시스템이다. 꾸란은 실제적으로 그 파괴가 거의 불가능한 장벽을 무슬림과 비 무슬림 사이에 세워놓았다.

본 장에서는 꾸란이 다음과 같은 문제에 대하여 어떻게 말하고 있는지 살펴볼 것이다.
- 불신자 가족 구성원
- 불신자 사회 구성원
- 불신자들과의 우정
- 불신자들과의 식사
- 불신자들과의 혼인

꾸란이 세운 견고한 장벽

불신하면 가족도 버린다

경우에 따라서는 한 가족 안에서도 어떤 사람은 이슬람을 받아들인 반면 다른 가족은 우상을 숭배하거나 유대교인이 되거나 또는 기독교인이 될 수가 있을 것이다. 이러한 경우에 처한 무슬림이 무함마드에게 물었다. "우리와 믿음을 같이 하지 않는 가족이 있습니다. 이들을 어떻게 해야 할까요?" 이에 꾸란은 이렇게 답한다.

알라를 믿으면서 알라와 그의 메신저에게 반대하는 자들을 너희들은 발견할 수 없을지니 그들이 자기의 아버지이든 또는 아들이든 또는 형제이든 또는 친족이든 모두 동일할 것이라. 그들(무슬림들)은 알라의 편에 선 자들이라. 그러므로 이제 분명히 말하나니 알라의 편에 선 자들은 성공한 자들이니라.

- 꾸란 58:22, 샤키르 역

이 구절은 가족 간에도 무슬림과 비 무슬림 사이에 성공적으로 장벽을 만들고 있다. 이 말은 믿는 자들은 믿지 않는 자들과 관계를 맺어서는 안 되는데 심지어는 그들이 자신의 아버지, 아들, 형제 또는 친족일지라도 안 된다는 뜻이다. 다시 말하자면 당신이 알라의 편에 선다는 것은 필요하다면 가족과의 관계도 단절해야 한다는 의미인 것이다.

이 구절의 끝에서는 무슬림들은 '알라의 편' 이라 불리는 새로운 그룹이라고 설명하고 있는데 이것이 곧 아랍어의 '헤즈볼라 (Hezbollah: 이 용어는 지구상에서 이스라엘을 멸절시킬 것이라고 맹세한 레바논의 과격 원리주의자들이 사용하는 단체명이기도 하다; 편집자 주)' 이다. 알라의 편에 서는 것이 다른 어떤 관계보다도 더욱 중요하다고 꾸란은 말한다.

오, 믿는 자들이여! 만일 너희 부모나 형제들이 믿음을 버리고 이교도가 되기를 원한다면 그들을 너희들의 보호자로 삼지 말지니 너희 중 누구라도 그렇게 하는 자에게는 잘못이 있느니라.

- 꾸란 9:23, 알리 역

내가 처음 서방사회 그리고 기독교사회에 직면하였을 때 그것은 놀라움의 연속이었다. 처음으로 나는 남편과 아이들은 기독교인이 아닌데도 불구하고 혼자서 기독교인이 된 한 여성을 만나게 되었고, 그로 인하여 내가 받은 충격이 얼마나 컸든지 지금도 그 기억이 생생하다. 나를 더욱 놀라게 한 것은 그린 상황 아래서도 그들이 한 지붕 아래서 가정을 꾸미고 함께 삶을 살아가고 있다는 점이었다.

그 여성은 남편에게 정성을 다하고 있었다. 나는 그녀에게 믿지도 않는 가족들과 어떻게 함께 살 수 있느냐고 물었다. 그녀의 대답은 다음과 같았다. "우리가 결혼했을 당시에는 저도 기독교인이 아니었어요. 그 후 주님이 나의 인생에 들어오셔서 저를 구원하셨지요. 저는 제 남편을 위하여 기도하고 있어요. 그러므로 주님께서는 제게 임하셨던 것처럼 제 남편에게도 임하실 것이라고 믿어요."

자녀들에 관하여 물을 때에도 그녀의 대답은 같았다. "저는 아이들에게 믿음을 강요할 수 없어요. 나는 아이들을 돕고 들려주고 내가 가진 것을 보도록 이끌어 줄 뿐 나의 신앙을 그들에게 강요하지는 않아요. 그것은 그 아이들의 개인적인 문제거든요. 그렇지만 내 아이들이 언젠가는 하나님의 신실하심을 인정하고 아이들의 삶을 하나님에게 맡길 날이 올 것이라고 믿어요."

이런 모습에서는 이슬람세계 전체에서 행해지고 있는 것과 동일한 삶의 모습이라고는 전혀 찾아볼 수 없다. 만일 한 신실한 무슬림 가정이 있다고 하자. 그곳에서 자란 한 아들이 신실한 무슬림이 될 것을 거부한다면, 그 가정은 자기 아들에게 혹독한 시련을 안겨줘야 마땅할 것이다. 그 가정에는 팽팽한 긴장감이 감돌 것이다. 당연한 것이 그 사회에서는 도저히 서로 다른 신앙을 인정할 수가 없기 때문이다. 그들은 그 소년을 무시하고 끝없이 비방할 것이다. 경우에 따라서는 가족들의 그 태도를 견디지 못하여 아이가 가정을 떠나야 하는 경우도 있을 것이다(집을 떠나는 경우는 주로 남자들이며 여자들은 아니다 -편집자 주).

개인과 가정은 물론 사회에서도 믿지 않는 자를 배척하기는 마찬가지다. 이슬람에게 복종하기를 거부하는 자에게 가해지는 압박은 마치 커다란 바위덩이가 짓누르는 것과 같다.

비 무슬림을 멀리하라

위와 같이 꾸란은 알라를 따르지 않으면 가족도 배척하라고 말했다. 그렇다면 가족이 아닌 경우는 어떨까? 무슬림이 유대인, 기독교인, 우상숭배자들과 교우관계를 가질 수 있을까? 그들에게 친절할 수가 있을까? 무슬림들은 그들을 어떻게 생각할까?

여기에 대한 대답은 알라가 믿지 않는 자들을 어떻게 생각하고 있는지 보면 알 수 있다. 헌신적 무슬림이라면 알라가 믿지 않는 자들을 거부했으므로 자기도 이에 따라야 한다고 생각할 것이다. 여기에 꾸란의 내용 중 몇 구절을 예로 든다.

■ 기독교인은 잘못을 저지른 자이며 신에게 불복종하였으므로
　알라는 그들을 지옥 불에 보낼 것이다.

그들은 "마리아의 아들 곧 그리스도가 알라이니라" 라고 말함으로써 신을 모독하나 그리스도는 "오, 이스라엘의 자녀들아! 나와 너의 구주 알라를 경배하라" 라고 말하였노라. 누구든지 알라 이외의 신을 섬기는 자와 함께하는 자에게는 낙원이 금지될 것이며 지옥 불이 그의 거처가 될 것이니라. 잘못을 저지르는 자에게는 어느 누구도 도움을 줄 자가 없을 것이라. 그들은 알라가 세 신 중의 한 신이라고 말함으로써 신을 모독하나 신은 알라 외에는 없노라. 만일 그들이 그들의 (신을 모독하는) 말에서 벗어나지 아니하면 정녕코 가혹한 형벌이 그들 가운데 임하리라.

　　　　　　　　　　　　　　　　　　　　　　　- 꾸란 5:72~73, 알리 역

■ 알라는 유대인들이 알라에게 복종하지 않고 방종을 행했으므로
　그들을 저주했다.

다윗과 마리아의 아들 예수의 말을 들어 이르노라. 이스라엘의 자녀들 가운데 믿음을 거부하는 자들에게 저주가 임하였으니 이는 그들이 복종하지 아니하고

방종을 행하였음이라.   - 꾸란 5:78, 알리 역

■ 믿지 않는 자들은 무슬림들을 지옥으로 인도할 것이다.

믿지 않는 자들은 (오직) 너희를 지옥 불로 불러들이나 알라는 자비로우사 (너희를) 축복과 용서의 낙원으로 부르시며 자신의 징표를 인류에게 분명히 보이리니 그들로 하여금 알라를 찬양하게 하기 위함이라.   - 꾸란 2:221, 알리 역

이러한 비 무슬림에 대한 부정적인 태도는 무슬림이 자기를 둘러싸고 있는 서방세계를 이해하는데 있어서 선입견을 가지게 만들었다. 이것은 자신의 개인적 인간관계에도 영향을 미치는 것은 물론 비 무슬림 국가에 대한 태도에도 영향을 미친다. 예를 들면 무슬림들은 미국을 '기독교 국가' 라고 생각하기 때문에 모든 기독교인과 비 무슬림들에 대하여 지니고 있는 자신들의 편견을 미국에도 고스란히 쏟아내고 있다.

비 무슬림에게는 협조하지 말라

내가 이집트에서 이맘을 지내고 있을 당시, 대부분의 금요일에는 내가 근무하고 있던 사원에서 예배를 인도했다. 나는 꾸란 9 : 23을 인용하기를 즐겼다.

오, 믿는 자들이여! 만일 너희 부모나 형제들이 믿음을 버리고 이교도가 되기를 원한다면, 그들을 너희들의 보호자로 삼지 말지니 너희 중 누구라도 그렇게 하는 자에게는 잘못이 있느니라.   - 꾸란 9:23, 알리 역

나는 그들에게 이 구절을 자신들의 일상생활에 적용하라고 가르쳤다. "믿지 않는 자들과 교제하거나 거래를 하지 말아라." 또 나는 경고했다 "꾸란은 당신이 만약 이 말을 어길 경우 무엇이 여러분에

게 임할지 분명하게 설명하고 있다."

■ 알라는 믿지 않는 자를 친구로 삼는 자들을 인도하지 않으신다.

믿는 자들이 믿는 자들 외에 믿지 않는 자를 친구로 삼게 하지 말지니 이러한 일을 행하는 자는 누구라도 알라로부터 아무것(보호)도 받을 것이 없을 것이며 오히려 너희 자신들이 그들로부터 너희 자신을 매우 조심스럽게 지켜야 할 것이니, 알라는 너희에게 알라가 내릴 형벌에 대하여 경고하실 것이라. 다가올 최후는 알라에게 속하노라.

- 꾸란 3:28, 샤키르 역

■ 만일 무슬림이 믿지 않는 자들의 친구가 되면 그는 알라에게 자신
  에게 불리한 증거를 댄 것과 같으니, 이는 자신이 형벌을 받아
  마땅하다는 증인을 내세운 것이라는 뜻이다.

오, 너희 믿는 자들이여! 믿는 자 외에 믿지 않는 자를 친구로 두지 말라. 너희는 알라에게 진정 너희에게 불리한 명백한 증거를 보이기를 원하느뇨?

- 꾸란 4:144, 샤키르 역

■ 만일 무슬림이 유대인이나 기독교인의 친구가 되면 그는 유대
  인이나 기독교인과 동일한 자로 취급된다.

오, 너희 믿는 자들이여! 유대인과 기독교인을 너희의 친구나 보호자로 두지 말지니 그들은 자기들끼리나 친구 또는 보호자가 되느니라. 그리고 너희 가운데 그들에게 (우정을 위하여) 돌아서는 자는 그들과 같은 자이니라. 분명코 알라는 불의한 자를 인도하지 않으시리라.

- 꾸란 5:51, 알리 역

■ 무슬림은 알라를 '두려워할' 것이며 이슬람을 조롱하는 자와 친구가
  되지 말아야 한다.

오, 너희 믿는 자들이여! 너희의 믿음을 조롱거리나 노리개로 여기는 자들을 친구로 삼거나 보호자로 두지 말지니 너희 면전에서 복음을 받아들이는 자들

이나 믿음을 거부하는 자들이나 다 일반이라. 너희에게 (진실로) 믿음이 있을진대 오직 알라를 두려워하라.
- 꾸란 5:57, 알리 역

- 믿지 않는 자를 친구로 둔 자에게는 사후에 알라의 진노와 형벌이 임할 것이다.

너희 가운데 많은 자들이 믿지 않는 자들을 너희의 아울리야(Auliya: 보호자 또는 도우미)로 삼는 것을 너희가 아노라. 그러나 그들 자신이 뿜어 낸 것은 진실로 자신의 면전에 보이는 악뿐이니 이로 (인하여) 알라의 진노가 그들에게 임하여 그들은 형벌 가운데 거할 것이니라.
- 꾸란 5:80, 무신 칸 역

- 오로지 알라의 편에 선 자만이 성공할 것이다 (그러므로 너희는 우리이외 다른 자에게 속하지 말라). 그리고 알라와 그의 메신저를 택한 모든 자들과 그의 보호자 되심을 믿고 진정으로 그의 편에 선 모든 자들은 승리하는 자가 될 것이라.
- 꾸란 5:56, 샤키르 역

알라는 무슬림이 믿지 않는 자를 친구로 삼을 경우 그를 벌하겠다고 약속한다. 그렇다면 믿지 않는 자들을 향한 무슬림들의 부정적인 태도에 숨어 있는 동기는 무엇인가? 그것은 알라에 대한 두려움이다. 이는 알라에게 불복종하는 경우나 믿지 않는 자들을 친구로 삼는 경우에는 알라가 현세는 물론 내세에서조차도 그들을 벌할 것이기 때문에 당연히 생겨난 것이다.

경전의 백성(유대교인 또는 기독교인을 일컫는 말)을 제외하고 비 무슬림과는 함께 먹지도 말라

음식을 함께 나누는 일은 우정을 쌓거나 관계를 맺는 중요한 일 중 하나이다. 음식을 앞에 놓고 우리는 단지 음식을 함께 먹는 것에 그치지 않고 대화를 통해서 영적인 교류를 갖는다. 이제 무함마드가 왜 무슬림들에게 비 무슬림들과 식사를 함께 하지 못하도록 일렀는지 이해가 될 것이다.

어느 날 무슬림들이 무함마드에게 다가와 묻는 소리가 들린다. "오, 무함마드여! 우리 무슬림들은 우상숭배자들과 유대교인들과 기독교인들이 둘러싸고 있는 이곳 메디나에 살고 있습니다. 그러하오니 만약 그들 중 어느 누군가 우리를 음식에 초대하면 우리가 가서 그들과 함께 음식을 취하리까?" 무함마드는 다음과 같은 구절로써 그들에게 답했다.

오늘 **너희에게** (모든) 선한 것들은 율법에 **맞는** 것이니라. 경전을 받아들인 자들의 음식은 **너희의** 율법에 맞으며 또한 **너희의** 음식도 그들에게는 율법에 맞느니라.…
- 꾸란 5:5, 피크탈 역

이 계시는 무슬림들이 유대교인이나 기독교인과 음식을 같이 할 수 있다고 말하고 있으나 우상숭배자들과는 음식을 나누거나 식사를 같이 할 수 없다고 말한다.

지금도 무슬림들은 서방국가 안에서는 기독교인들과 음식을 함께 나누며 뉴욕에서는 유대인들과도 식사도 함께 할 것이다. 그러나 그들은 결코 힌두교도나 불교도와는 식사를 함께하지 않을 것이다. 이는 꾸란에서 무슬림들은 우상숭배자들과 음식을 함께 먹을 수 없다고 말하고 있으며 힌두교도와 불교도는 하나 이상의 신을 숭배하는 우상숭배자들이라고 간주하기 때문이다.

무슬림 남자는 비 무슬림 여자와 결혼할 수 있으나, 무슬림 여자는 비 무슬림 남자와 결혼할 수 없다

다시 무슬림들이 비 무슬림들과 더불어 사는 문제를 가지고 무함마드에게 물었다. "우리는 우리와는 전혀 다른 믿음을 가진 사람들에게 둘려 쌓여 있습니다. 그러하오니 결혼은 어떻게 하오리까?" 이 말에 무함마드가 계시로써 응답한다.

> 믿는 여인을 쫓는 것뿐만 아니라 너희가 나기 이전에 계시된 성경의 백성들 가운데서 여인을 쫓는 것이 (모두) (너희에게는 결혼의 율법에) 맞느니라.
>
> — 꾸란 5:5, 알리 역

달리 표현하면 무슬림 남자라면 그는 무슬림 여인이나 성경의 백성들 가운데 여성과 결혼할 수 있다는 것이며 경전의 여인이란 유대교 여성이나 기독교 여성을 의미한다. 무슬림들은 우상숭배자들과는 결혼이 금지되어 있다. 심지어는 오늘날도 기독교인이나 유대인과는 결혼할 수 있으나 우상숭배자들이라고 생각하는 힌두교도나 불교도와는 결혼하지 않을 것이다.

> 믿음을 받아들이기 이전에는 불신앙의 여인(우상숭배자)과 결혼하지 말지니라. 차라리 믿는 여자 노예와 결혼하는 것이 너희에게 아름다워 보이는 믿지 않는 여인과 결혼하는 것보다 나으니라.
>
> — 꾸란 2:221, 알리 역

그러나 무슬림 여성들을 위한 결혼 율법은 다르다. 꾸란은 무슬림 여성들은 불신자(우상숭배자)들과 결혼할 수 없다고 말하고 있으나 그들이 기독교인이나 유대인들과 결혼할 수 있는지 없는지 명확하게 말하고 있지 않다.

꾸란은 말한다.

> 그들이 믿음을 가질 때까지는 너희의 딸들을 불신자들과 결혼시키지 말지니 비록 너희에게 매혹적으로 보이더라도 믿지 않는 자들 보다는 오히려 믿음을 가진 남자 노예가 나으니라.
>
> — 꾸란 2:221, 알리 역

이것은 여인을 차별하는 이슬람 시스템의 한 예에 불과하다. 왜 알라는 남자에게는 여자와 다른 기준을 설정하였는가? 참으로 좋은 질문이다. 그러나 선량한 무슬림이라면 이런 종류의 질문은 결코 던지지 않는다. 이슬람에서는 질문하지 않으며, 그저 시스템을 있는 그대로 받아들이고 그것을 따를 뿐이다.

결론

이 장에서는 무슬림과 비 무슬림 사이의 관계를 대단히 냉혹하게 그렸다는 것을 안다. 그러나 무슬림 각 개인은 이러한 원칙을 거부하거나 적어도 이에 관하여 의문을 던질 수는 있어야 한다. 나는 그런 사람들 몇몇을 개인적으로 알고 있다.

내가 알 아즈하르 대학에서 학사 학위를 받을 때에 나를 지도한 교수들은 하나 같이 모두 개방적이지 않았다. 단 한 분, 나에게 현대 이슬람 역사를 가르쳤던 교수 그 한 분만은 나에게 겸손의 예를 보여 주셨고 학문에 임하는 사람과 연구자가 갖추어야 할 사고의 방법을 알려주셨다.

그의 강의 가운데 하나가 오토만 제국에 관한 것이었다. 나는 이 강의를 수강하는 학생이었으므로 오토만 제국의 이미지를 실추시키기 위하여 노력하는 서방의 제국주의 열강들을 비판하는 책을 읽어야 했다. 또한 나는 오토만 제국에 관한 다른 이슬람 서적도 찾아내어 읽게 되었는데 이 서적도 동일한 비판을 가하고 있었다.

바로 그 시절은 나에게는 '내가 속한 이 사회는 누군가가 우리 자신의 관점과는 다른 의견을 보이면 이를 배척하려는 경향을 가지고 있다'는 사실이 눈에 띄기 시작하던 무렵이었다. 나는 유럽이 진정으로 오토만 제국의 이미지를 해치려는 음모를 꾸미고 있었을까 라는 의문이

생겼다. 그러던 중 어느 날 나는 교수님에게 이렇게 질문함으로써 그를 시험했다.

"우리는 왜 우리와 뜻이 같지 않은 사람들에게는 늘 나쁜 태도를 가져야만 합니까? 왜 우리는 서방이 제국의 이미지를 실추하려고 했다고 비판하기만 할 뿐, 우리 자신을 위하여 역사의 진실성을 찾기 위한 노력을 기울이지는 않는 것일까요? 우리는 무슬림입니다. 우리는 그 제국의 지배를 받았습니다. 만약 그 제국이 우리에게 선이나 악을 행했다면 그 이야기는 세대를 이어 전해져서 우리는 그 진실을 똑바로 볼 수 있어야 할 것입니다."

나의 당돌한 질문을 나무라는 대신 알 아즈하르의 스승이셨던 교수님은 나의 반대 질문을 반기셨다. 그분은 같은 반 모든 학생들 앞에서 내가 교과서에 쓰여진 글의 틀을 벗어나 어떤 문제를 놓고 스스로 생각하는 태도를 보인 것에 대해 나를 칭찬해 주셨다. 그분은 인간애를 겸비한 진정으로 겸손한 분이셨다. 그 교수님은 나의 대학시절이라는 긴 여정에서 나에게 주어진 특별히 값진 선물이었다. 그분은 비록 알 아즈하르에서 박사학위를 받았지만, 다른 교수님들과는 전혀 다른 분이셨다. 그분은 참으로 성품이 너그러우신 분이었으나 다른 분들은 전혀 그렇지 못했다.

반면에, 동시에 나를 가르친 교수 가운데는 벨기에의 브뤼셀에 있는 대학에서 철학 박사학위를 받고 귀국한 분도 있었는데, 그런 경력 때문에 나는 그가 더욱 더 개방적인 사고를 가진 분일 것이라고 예상했다. 그렇지만 이 교수는 유럽에선 아무것도 배워온 것이 없었으며 그 이전보다도 더욱 호전적이고 원리주의적으로 변해서 돌아왔다. 그는 나에게 원리주의 이슬람의 철학자인 싸이드 꾸틉(Sayyid Qutb)을 연상시켰다. 그 사람은 2년을 넘게 미국에서 교육학을 배웠으나 이집트로 돌아왔을 때는 서방에 대한 적개심으로 마음이 돌같이 굳어져서 더욱 호전적으로 변한 그런 사람이었다. 꾸틉은 한걸음 더 나아가서 현대 테러리즘의 길잡이 노릇을 한 책을 저술했다.[1]

기본적으로 중요한 문제는 어느 무슬림이나 자기 문화의 틀에서 벗어나 사고의 범위를 넓힐 수 있으나 일단 이런 일이 발생하기만 하면 이루 말할 수 없는 무게의 사회적인 압박이 그에게 가해져 개방적인 생각이 더 이상 성장해 갈 수 없도록 강력하게 억제한다는 데 있다.

---

1. The full text of this book, Milestones Along the Road, is available online at http://majaua.org/books/2005/qutb −nilestone.pdf (accessed June 11, 2007)

제8장

무슬림 사회의 보편적 인간성

나는 36세가 될 때까지 이집트의 무슬림 문화 속에서 살아왔다. 나는 무슬림들을 사랑하며 다른 사람들이 저들을 무시하지 않기를 바란다. 사실 나는 무슬림들이 참으로 놀랄 만큼 훌륭한 인간적인 특징을 지니고 있다는 점에 대하여 자부심을 가진다. 이러한 장점으로는

- 충성심
- 사회 내에서의 강한 결속력
- 가족간의 강한 연대감
- 어려움에 직면한 사람을 돕는 일
- 약자의 보호
- 조물주에 대한 확신/열정
- 약속의 준수

- 방문자에 대한 친절
- 관대함
- 노인에 대한 존경심

그럼에도 불구하고 무슬림의 내면에 들어 있는 또 다른 인간성이 모든 인간에게 내재되어 있는 선(善)을 파괴하고 타인에게도 손해를 끼친다. 그러한 성향이 무슬림으로 하여금 다른 사람들에 대한 증오심을 품은 채 오로지 무슬림들끼리만 똘똘 뭉쳐서 살게 만든다. 이러한 인간성이 이슬람 사회의 저변에 만연되어 있다. 무슬림들은 이런 지적을 받기 싫어하겠지만 이것은 진실이다. 내가 그 저변에 내재되어 있는 인간성의 성향을 인식할 수 있었던 이유는 나의 삶 가운데서 특히 배운 것을 전혀 비판할 줄 모르고 받아들이던 그 감수성이 예민한 어린 시절에 그것들이 내 마음속에서 발현되는 현상을 스스로 경험해 보았기 때문이다. 내 기억에 남아 있는 어떤 사건이 생생하게 떠오른다.

알코올 중독자 한 사람이 이웃에 살고 있었는데 그는 자기가 술을 마신다는 것을 비밀로 감추려고 노력했다. 그는 술에 취한 모습으로 거리에 나타나지 않으려 늘 노력했지만 이웃들은 그가 알코올 중독자인 것을 다 알고 있었다. 마을의 인구는 약 1천 세대 정도였다. 그는 비록 사람의 눈에 띄는데서 술을 마시지는 않았지만 사람들은 늘 그를 업신여겼으며 그를 무례하게 대했다.
예를 들어 만약 그에게 딸이 있었다면 아마 그 누구도 그의 딸과 결혼시키려 하지 않았을 것이다. 왜냐하면 그는 사악한 사람으로 인식되었기 때문이다. 내가 아직 십대를 벗어나지 않았을 즈음인 어느 저녁 나는 그를 거리에서 만났다. 어디선가 술을 구하여 마신 그는 이제 집을 향해 걸어가고 있었다. 나는 그가 마치 춤을 추듯 비틀거리는 것으로 보아 술이 많이 취했다는 것을 알 수 있었다. 이 때 나는 나를 지배하고 있던 이슬람 문화로 인하여 그는 마치 나를 향하여 걸어오고 있는 사탄처럼 착각했다. 나에게 그는 악 그 자체였던 것이다. 나는 그가 그저 아무 일 없이 지나가게 가만히 두고 볼 수는 없었다. 그를 물리쳐야만 했다. 그래서 먼저 그의 앞에 버티고 막아서서는 그를 모욕하기 시작했다. 그를 꾸짖으면서 나는 손으로 흙을 한 줌 움켜쥐어 그의 얼굴과 눈에 홱 뿌렸다. 그는 나의 돌발적인 행동에 놀라서 소리를 지르며 마구 소리를 질러 댔다. 마침내 내가 그에게 길을 내주자 그는 절망에 사로잡혀 자기 집을 향하여 비틀걸음으로 나에게서 멀어져 갔다.

일개 10대에 불과한 내가 어떻게 감히 이런 일을 행할 수 있었는가? 이것은 바로 이슬람 문화가 나를 지배하고 있었기에 가능한 것이었다. 내가 꾸란을 암송하고 학교에서 이슬람을 공부했을 때 이것은 벌써 나의 삶의 일부가 되어 있었던 것이다.

이슬람은 내게 "너희가 나쁜 일이나 악 또는 이슬람 시스템에 반하는 것을 목격한 경우에는 그것을 공격해야 한다"고 가르쳤다. 그래서 나는 그렇게 행동했던 것이다. 그 당시에 내가 행한 행동과 그로 인해서 느꼈던 행복감에 대해 지금은 수치심을 느낀다. 그래서 앞으로는 더 이상 무슬림들이 내적 갈등을 겪는 일이 일어나지 않았음 하는 간절한 마음이다.

다음은 네 가지의 부정적인 성향과 어떻게 그런 것이 꾸란과 이슬람의 역사에 뿌리를 내릴 수 있었는지에 대해 기술하려 한다. 내가 이슬람과 그 문화에 깊숙이 빠져 있었을 때에는 그런 성향들이야말로 나 자신을 제대로 표현해주는 것들이라고 믿었다. 때문에 나는 무슬림들의 명성에 흠집을 내려 하거나 무슬림에 대한 뭇 사람들의 증오심이나 이끌어내려고 이 글을 쓰는 것이 아니다. 나는 단지 왜 모든 이슬람 사회가 지금처럼 이렇게 행동하게 되었는지 그리고 이러한 것들이 이슬람 각 개개인 간에 그리고 국제 관계에서 어떤 모습으로 영향을 미치는가를 설명해주고 싶을 뿐이다.

책임 전가

2003년에 전쟁이 발발한 이래 이라크에서 거의 매일 무고한 생명을 앗아가고, 피의 보복과 중동의 참담한 비극이 자행되는 현장 뒤에는 무슬림들이 믿고 있는 그들의 신앙이 자리하고 있다는 점을 놓고 무슬림과 인터뷰를 가지는 텔레비전 뉴스 기자의 보도를 접할 때마다 무슬림이 "전쟁의 원흉은 이스라엘과 미국이다" 라고 말하곤 하는 것을 보았을 것이다. 미국이나 이스라엘을 향하여 손가락질을 하지 않는 무슬림을 찾기란 쉽지 않다. 그들은 결코 잘못이 사담 후세인(Saddam Hussein)이나 살인을 일삼고 있는 그가 이끄는 바아트당(Baath Party)에게 있다거나 이란과 시리아가 침투시키고 있는 반정부 세력에 있다고 지적하는 경우는 결코 없다. 이런 세계관을 가지고 있는 무슬림들에게

"수니파와 시아파 간에 벌어지고 있는 피의 내분이 그 원인이 아닌가? 이스라엘과 미국이 이러한 테러와 무슨 관련이 있다는 것인가?" 라고 질문 했을때 무슬림들은 아마 이렇게 대답할 것이다. "아니다. 이스라엘과 미국이 원인이다. 만일 이스라엘과 미국만 없었다면 이라크 안에서 서로를 죽이는 내분은 일어나지 않았을 것이다."

만일 내가 이러한 대화를 하고 있는 여러분의 곁에 있었다면, 나

는 아마 폭소를 터뜨리거나 아니면 울음을 터뜨렸을지도 모른다. 어쩌면 이 사람들에게 "당신에게 자비를! 당신의 역사를 생각해 보시오. 수니파와 시아파가 갈라지던 시절인 아부 바크르(Abu Bakr)나 알리(Ali) 또는 무아위야(Muawiyya)의 시절에는 미국 또는 이스라엘은 존재하지도 않았었소. 무슬림의 문제는 무슬림 스스로 만들어낸 것이오."

이슬람의 교리는 다른 사람에게 책임을 전가하는 문화를 만들어 내었다. 일생을 통해서 무슬림은 자기들이 모든 인종 가운데서 가장 뛰어난 인종이라는 교리를 받는다.

너희는 인류(의 이익을)를 위하여 일으킨 나라들 가운데 으뜸이니라. 그러므로 너희는 옳은 일에 참여하고 악한 일을 금하며 알라를 믿을지니라. 또한 성경의 백성들이 (알라를) 믿으면 그들에게는 더욱 좋은 일이 될 것이로되 그들 가운데는 믿는 자가 적었으니 오히려 대부분은 죄인이 되었느니라. — 꾸란 3:110, 샤비르 역

이 구절은 무슬림 국가가 성경의 사람들 즉 유대인과 기독교 국가보다는 우수하다고 말하고 있다. 무슬림의 관점에서 보자면 북·남미 그리고 유럽은 기독교의 국가이며 그 모든 나라들이 알라의 눈에는 무슬림 국가보다는 열등하게 보인다.

만약 어느 한 사람의 믿음에 신이 자기의 국가를 다른 모든 국가에 비하여 뛰어나게 하셨다면 그런 국가의 국민들이 잘못을 저지를 리가 없다고 믿는 것은 당연할 것이다. 이것이 악몽으로 나타나는 곳이 그들의 외교정책이다.

동일한 이유로 자기도 하나의 인간으로서 잘못을 저지를 수 있는 사람이라는 사실을 인정하는 것이 도저히 불가능하다. 어떤 일이 잘못되고 있을 때에 그 책임이 자기에게 있다고 받아들이는 것이 거의

고통에 가까운 것이다. 무슬림이라고 태어났을 때부터 그런 마음을 가지고 있는 것은 아니며 종교적인 교리 때문에 생겨나는 후천적인 마음이다.

최근에 나는 미국 대통령이었던 해리 트루먼이 자기의 책상에 "모든 책임은 내게 있다"라고 쓴 팻말을 놓아두었다는 것을 알았다. 이 말의 뜻은 자기의 행동으로 인해 야기되는 결과에 대해서는 내가 책임을 지겠다는 말이다. 이런 마음이 보통의 무슬림에게는 전혀 형성되어 있지 않다.

무슬림 사회는 희생양의 사회이다. 그들 자신의 문제점을 설명하는데 있어서도 자기들은 적들의 표적이 되고 있으며 자기들을 싫어하는 사람들의 공격 목표가 되고 있어서 그런 문제가 발생한다고 둘러댄다. 바로 이런 것이 무슬림의 관점에서 바라본 적에 대한 개념이다. 도대체 이 사람들은 자신들이야말로 곧 스스로의 적이라고 감히 생각이나 할 수 있겠는가!

권력욕

권력에 대한 추구는 아라비아 사막에 깊게 뿌리내려있다. 베두인족이 구축하여 놓은 정부는 모든 종족의 지도자로서 확고부동한 위치에 있었으며 이슬람 이전에는 '권위'란 아랍 정치와 사회생활에서 가장 중요한 요소 중의 하나였다. 아랍에는 민주주의란 개념이 없다. 따라서 우리가 알고 있는 현대적인 선거란 존재할 수 없다. 가장 강력한 권위와 자금을 틀어쥐고 있는 자 그것이 개인이건 종족이건 그러한 자가 바로 사회의 지배자가 되었다.

따라서 무함마드가 이슬람을 전파하기 시작할 당시에는 자기의 추종자들을 그런 권력을 누릴 수 있는 위치에 올려놓아야 했다. 무슬림들은 사회의 다른 계층에 있는 사람들보다 자신들이 이런 권력에서 우위를 점해야 했다. 무함마드가 자기의 추종자들에게 다음과 같이 말하게 된 이유가 바로 그것이다. "너희가 가장 뛰어난 사람들이다. 즉 너희들은 메카의 우상숭배자들보다 우수하다. 너희가 가장 뛰어난 사람들이다. 말하자면 너희들은 메디나에 살고 있는 유대인들보다 우수하다. 너희가 가장 뛰어난 사람들이다. 다시 말하면 너희들은 아라비아, 예멘, 이집트, 시리아, 에티오피아에서 우리를 둘러싸고 있는 기독교인보다 우수하다." 무슬림들은 "너희는 인류(이익을)를 위하여 일으킨 나라들 가운데 으뜸이니라" 라고 말하는 꾸란의 3 : 110처럼 알라로부터 직접 주어진 이러한 명예를 기꺼이 받아들였다. 아랍인들은 이슬람 문화를 통해서 구축된 이런 권력이 필요했다.

이렇듯 권력과 권위의 추구가 이슬람세계에 독재 정치가 만연된 배경에 감추어진 하나의 비밀스런 이유이다. 이러한 경향은 이슬람이 형성되기 이전에 아라비아에서 이미 시작되어 있었고 이슬람 방식의 일상생활에 스며든 하나의 문화가 되었다.

이처럼 권력을 추구하는 권력 투쟁은 무함마드 사후부터 지금까지도 그대로 이어져 내려오고 있다. 무함마드 사후 몇 시간도 지나기 전에 무슬림 사회는 누가 무슬림 제국을 통치할 것인가를 놓고 첫 번째 분열이 발생할 조짐이 있었다. 다행이 무슬림들은 재빨리 아부 바크르를 초대 칼리프로 선출함으로써 이런 분열을 막을 수 있었으나 2년 후에 아부 바크르가 죽자 권력 투쟁은 계속되어 제2대, 3대, 4대 칼리프로 이어지더니 결국은 자기 아버지의 편에선 무함마드의 조카 알리를 지지하는 당파와 무아위야를 지지하는 당파로 분열되는 최악의 날을 맞게 되었다. 무아위야를 지지하던 세력은 훗날 무슬림 수니파를 형성하였으며 오늘날 전 세계 총 무슬림 인구의 약 85퍼센트를 대표하고 있다. 그리고 알리를 지지하던 세력은 오늘날의 시아파를 형성하였으며 총 이슬람 인구의 나머지 15퍼센트를 대표하고 있다.

이슬람의 학자이든지 그렇지 않든지 모든 사람들이 이해하는 이슬람의 역사는 권력의 추구 다른 사람을 딛고 그 위에 군림하는 권위의 추구, 지배욕 등이 무슬림 사회를 수니파와 시아파의 둘로 갈라놓은 원인이라고 분명하게 나타내 보여주고 있다. 이런 권력의 추구는 수십만의 인명을 살상한 것에서 머무르지 않고 수백만의 무고한 무슬림을 살상한 책임이 있다고 나는 감히 자신 있게 주장한다. 지배욕과 이러한 지배욕을 소유한 자들이 이라크의 사담 후세인, 이집트의 가말 압델 나세르(Gamal Abdel Nasser), 시리아의 하페즈 알 아사드(Hafez al Assad), 리비아의 무암마르 알 카다피(Muammar al Qadafi)와 같은 많은 독재자들을 배출한 배경인 것이다.

완고함

꾸란에서 믿지 않는 자들에 대하여 관대하게 대하라고 이르는 구절을 찾기 위해서는 정말 피나는 노력을 기울여야 한다. 그렇지만 나는 이와 관련하여 가장 자주 인용되는 두 구절을 예로 든다.

그리고 논쟁의 방법이 최선이라면 몰라도 성경의 백성들(유대인과 기독교인)과는 논쟁하는 것을 삼갈지니라. 다만 부당하게 행동하는 자들이 있는 경우에는 그들에게 말할지니 우리가 나와 너희에게 모두 계시를 주시는 이를 믿으며 우리가 섬기는 알라와 너희가 섬기는 신은 하나이고 우리가 그에게 복종하지 않느냐?"

- 꾸란 29:46, 피크탈 역

오, 성경의 백성들(유대인과 기독교인)이여! 알라 외에는 아무도 섬기지 않으며 알라와 다른 아무 것들과도 관계를 맺지 않으며, 알라 외에는 다른 어느 것도 우리의 구주로 삼지 않고 있는 나와 너희들 가운데 놓인 말씀 앞에 나아오라. 그러나 그들이 돌아서거든 그들에게 말할지어다. 우리 모두가 무슬림이라는 증거를 잊지 말라.
— 꾸란 3:64, 무신 칸 역

그러나 사실 무슬림들은 믿음에 관하여 언쟁을 하는 경우에는 대단히 공격적이 된다. 그들은 여러분이 나의 믿음에 대하여 설명 할 기회조차 주지 않으려 할 것이다. 그들은 틀림없이 공격을 가한다. 왜 이런 일이 일어날까?

나는 이런 이유가 전체적으로 이견(異見)을 대하는 이슬람의 종교적인 완고성에 있다고 본다. 다시 말하면 비록 꾸란의 몇몇 구절에서 불신자들에 대하여 부드럽게 말하고 있기는 하지만 나머지 모든 계시에서 무슬림을 완고하고 논쟁적으로 만들도록 밀어붙이는 그 비중이 훨씬 더 크기 때문이다. 전형적인 무슬림들은 다른 사람의 관점을 놓고 그 타당성을 인정하는 예가 없다. 그럼에도 불구하고 이 사람이 이야기를 계속한다면 이것은 그가 논쟁에서 이길 것이 분명한 경우에 한할 뿐이다.

이 무슬림이 하나의 의견을 가지고 있는 경우 어떠한 힘도 그것을 바꾸게 할 수가 없다. 그는 오직 그 생각에 죽거나 살 뿐이다.

예를 들면 어느 한 무슬림이 유대인에 대하여 무시무시한 태도를 가지고 있다고 하자(꾸란 2:65, 5:60, 7:166 참조). 지금 그 사람이 유대인에 대하여 가지고 있는 그 관점에 대해 물어보면 그는 이렇게 대답할 것이다. "그들은 처음부터 무함마드의 적이었으므로 오늘 나의 적이 되며 부활의 날이 올 때까지 나의 적이 될 것입니다. 그 이유는 메신저 무함마드가 나에게 이른 말이기 때문입니다."

새로운 정보도 그의 마음을 바꾸는 데는 아무런 도움이 되지 않는다. 심지어는 자기에게 우호적이고 친절하고 공평한 유대인을 만나더라도 그의 태도는 변함이 없을 것이다.

그러나 믿음이 어디서 발원하는지 생각해보라. 무슬림은 이러한 믿음을 그들의 아버지, 할아버지, 꾸란 그리고 이슬람의 창시자 무함마드의 언행록에서 배워왔다. 이점에 관해 그는 어떠한 반대 의견도 결코 받아들이지 않을 것이다. 무함마드가 자기의 첫 교리를 무슬림들에게 펼 당시부터 지금까지 이런 생각은 세대에 세대를 걸쳐서 전해져 내려오고 있다. 도대체 이 세상에 존재하는 어떠한 힘으로 이것을 깨뜨릴 수 있겠는가?

당신이 비록 "무함마드는 이미 죽어서 이 세상에 없는 사람이며 따라서 무슬림 사회에 자기의 교리를 더 이상 강요할 수는 없다"고 말할지라도 무슬림은 이렇게 대답할 것이다. "무함마드의 육체는 비록 죽었으나 그의 정신은 결코 죽지 않았다. 그의 가르침은 영원하다."

무자비(無慈悲)성

아라비아 사막은 지구상에서 가장 그 기후가 혹독한 지역 중의 한 곳이다. 내가 리비아의 트리폴리에 있는 한 대학에서 강의를 하고 있을 때였다. 그들은 나를 수브하 대학(University of Sub' ha)에 강의 차 보내곤 했는데 이 대학은 사하라 사막의 언저리에 위치했다. 어느 주말 내 강의를 듣는 한 학생이 나를 집으로 초청하여 가족들이 금요일 기도회를 갖는 모습을 살펴 달라고 했다.

이 학생은 베두인종족의 일파인 투아레그(Tuareg) 종족이었으며 리비아, 알제리, 말리, 니제르와 국경을 접한 사하라 사막에서 수 세기를 살아오고 있었다. 그의 집으로 가는 길은 마치 무함마드가 살던 7세기의 고향을 찾아 거꾸로 세상을 더듬어 가는듯한 착각을 일으키게 하는 곳이었다. 이 사람들이 살아가고 있는 모습이 그랬기 때문이다.

집은 진흙을 빚어지었으며 낙타는 길거리에 묶어 놓았다. 그들은 남녀노소를 불문하고 태양빛과 불어오는 모래바람으로부터 자신들을 보호하기 위하여 머리와 얼굴에 긴 스카프를 두르고 있었으며 스카프 천의 올을 가늘게 당겨 그 사이로 겨우 눈만 보이게 하고 열어 놓고 있었다. 몸을 보호하기 위하여 그들은 한 점의 피부도 노출되지 않도록 긴 천을 온 몸에 칭칭 두르고 있었다. 그들은 겨울에는 검은 천을 그리고 여름에는 흰 천을 두른다.

혹독한 기후는 거친 인간성을 만들게 마련이다. 무함마드가 살아 있던 시절에 아라비아에 거주하던 베두인 종족은 부드러운 성향이 전혀 없는 매우 거친 종족이었다. 그들은 현대의 우리가 도저히 감당할 수 없는 거친 성격을 가지고 서로를 죽이는 전쟁을 치르며 수백 년을 살아왔다. 다른 아랍 사람들이 그들과 맞서면 그들은 전혀 자비를 베풀지 않았다.

늘 살인을 일삼는 전쟁에 전념하여 온 사람들에게서 어떻게 자비를 구할 수 있겠는가? 혼전에 남성과 관계를 가짐으로써 그 딸이 자라나 가문을 더럽힐 것이 두려운 나머지 자기의 딸자식을 사막의 모래에 생매장(꾸란 16:58~59 참조)하는 아버지와 어머니의 그 혹독함으로부터 무슨 자비를 찾을 수 있다는 말인가?

이슬람의 창시자인 무함마드는 이런 일을 할 수 있는 대표적인 사람이었다. 그는 그런 혹독한 환경에서 태어나서 성장하고 살아오

다가 거기에서 죽은 사람이다. 무함마드가 그토록 혹독한 성향을 지니게 된 것은 오히려 당연할 지도 모르며 그 점에 대해서는 어느 누구도 그를 비방할 자격이 없을 것이다.

알라는 적들에게는 혹독함을 그리고 동맹자들에게는 충성을 다하도록 요구함으로써 이러한 성향을 아라비아의 문화에 편리하게 접목했다.

오, 너희 믿는 자들아! 너희의 주변에 있는 불신자들과 싸우라. 그리하여 너희들이 그들에게 잔인하다는 것을 알게 하라. 그리고 알라는 (알라에 대한) 자신의 의무를 준수하는 자들과 함께 하신다는 것을 알라. ─꾸란 9:123, 피크탈 역

"무함마드는 알라의 메신저이니 그와 함께하는 자는 믿지 않는 자들에게는 가혹하며 믿는 자들 사이에서는 자비로워야 할지니라." ─꾸란 48:29, 피크탈 역

알라는 단지 믿음이 없는 자들을 살해하라고 가르친 것뿐만 아니라 '가혹하여지라' 고 요구했다. 무함마드는 이러한 종류의 교리를 수용할 수 있었음은 물론 이것을 자기의 추종자들도 따르게 만들었다. 이는 그가 우리 역사 가운데서 가장 가혹한 종족 중의 한 종족 속에서 자랐던 것이 그 이유였다.

이런 가혹성은 무슬림을 반대하는 비 무슬림(또는 이교도)에 대해서만 한정된 것이 아니었다. 무슬림은 서로에게 조차도 가혹하게 행동했다. 그들이 서로 적대시 할 때에는 전혀 자비를 베풀지 않았다. 내가 이슬람 역사를 공부하는 전 과정을 통해서 일관되게 깨달은 사실은 그 가혹성의 뿌리가 너무도 깊고 그 위에서 자라나고 있는 잔인성의 나무는 이미 너무 크게 자라버렸다는 것이다.

이슬람이 태동한 환경을 우리가 제대로 이해한다면 이슬람세계에서는 인간의 자유와 권리가 모두 상실될 수밖에 없다는 것을 알게

될지라도 전혀 혼란스러워할 이유가 없다. 우리가 무함마드의 가계와 자신의 가계를 연관 지으며 대단히 자부심에 가득한 목소리와 태도를 가지고 대중 앞에서 연설하고 있는 독재자 사담 후세인을 본들 무엇이 그리 놀랠 일이겠는가? 후세인의 패망 후 발견된 대량 학살의 현장을 보라. 그리고 이 살인자의 손에 쓰러져간 수십만의 영혼들을 보라. 그는 그러한 모습을 보여주며 자신이 무함마드의 가계와 관련이 있다고 주장 했던 것이다.

예수는 마태복음 26장 52절에서 "칼을 가지는 자는 다 칼로 망하느니라." 고 말했다. 이것이 곧 오늘날 무슬림 세계의 진실이다. 믿지 않는 자들을 치던 그 칼이 동료 무슬림들을 포함하여 그 반대편을 치고 있지 않은가!

결론

내 생각에 무슬림 사회에 만연되어 있는 병을 치유할 수 있는 유일한 방법은 자신들을 드러내고 비평할 수 있도록 도와주는 것이다. 이것이 곧 내가 이렇게 그들 사회 저변에 깔려 있는 인간성의 성향을 밖으로 드러내는 이유이다.

- 책임의 전가
- 권력의 추구
- 의견의 완고함
- 무자비 성

이슬람 제국을 설명하는 동안, 정복 문화가 이슬람 특유의 인간성을 형성하였으며 이것이 세대에 세대를 걸쳐 전해져 내려오고 있다는 점을 소개했다. 무슬림들은 이런 부정적인 특성을 인식하여야 하며 이것을 포기할지 아니면 존속시킬지 결정해야 한다.

SECTION 3

이슬람 문화의 여인들

제9장
여성에 대한 무함마드의 고정 관념

여러분은 아마 앞 장의 서두에서 이 책의 한 장을 여성에 관하여 다룰 것이라고 약속한 일을 기억할 것이다. 언론이 이미 중동에서의 여성 권리에 대하여 전 세계를 향해 문제를 제기해 놓았다. 나도 1백 퍼센트 이에 동의한다.

나는 여성이 너무나도 쉽사리 무시당하는 그런 사회에서 성장했기 때문에 여성들 특별히 이슬람 국가에서 살고 있는 여성들이 처한 현실에 대해서는 깊은 동정심을 가지고 있다. 이 장에서는 무함마드가 무슬림 사회의 여성에게 씌운 멍에를 깊이 있게 드려다 볼 것이다. 또한 무함마드가 활동하던 7세기의 교리가 어떻게 역사에 반영되어 수 세기를 지나 오늘날까지 지켜지고 있는지를 알려주는 무슬림 학자들의 견해도 찾아볼 것이다.

이어지는 4 단원에서는 다음과 같은 문제를 다룰 예정이다.

- 여성에 대한 무함마드의 고정 관념
- 결혼에 대한 이슬람 율법
- 이슬람 사회에서의 여성의 권리
- 여성 권리의 상실

이슬람 문화 이전의 상황

무함마드가 메카에서 아랍인들과 함께 성장하고 있을 때에도 여성들은 놀라울 정도의 차별을 받으며 고통 가운데 살아가고 있었다. 아랍어에서는 여성(女性)이라는 단어 자체가 이미 수치(羞恥)를 의미하는 단어이어서 여성은 수치스러운 그 무엇이었으며 어떠한 의미로서도 좋게 사용될 수는 없었다.

꾸란을 보면 이슬람이 성립되기 이전에 아랍인들이 여자 아이들을 어떻게 취급하였는지 알 수 있는 증거가 있다.

그리고 여아의 탄생을 알리는 소리가 들리자 그들 중 한 사람이 얼굴이 검게 변하며 노여움이 가득해 진다. 그는 자기에게 선포된 그 악(한 소식)으로 인하여 사람들로부터 자신을 숨긴다. 그는 불명예를 감수하고 그 여아를 기를 것인가 아니면 (산채로) 사막에 매장할 것인가 하였으니 이제 분명히 말하나니 그들의 생각은 악이니라.
　　　　　　　　　　　　　　　　　　　　　　　　- 꾸란 16:58~59, 샤키르 역

아들 대신에 딸을 얻으면 분명히 나쁜 소식이었다. 부모가 딸을 데리고 메카의 사막 밖으로 나간 후에 그 아이를 산채로 사막에 매장하여 죽이는 일은 다반사였다. 꾸란에 의하면 심판의 날에 산채로 매장된 여아들에게는 다음과 같은 질문이 던져진다고 한다. "어떠한 죄목으로 사형을 당했느냐?"(꾸란 81:8~9참조) 그리하여 무함마드가 그의 여성에 관하여 받은 첫 계시는 이런 '여아 생매장' 관습에 대하여 전쟁을 선포한 것이었다. 그는 알라가 이제 더 이상 여아를 사막 한 가운데 생매장하는 것을 허용하지 않으신다고 선언했다. 이 구절에 근거하여 무슬림 철학자들은 무함마드가 아라비아 여성들의 구원자라고 주장할지도 모른다. 무함마드가 여아를 사막에 생매장하는 행위를 중단시키기는 하였지만 아랍 사회가 여성에 대하여 지니고 있는 부정적인 태도까지를 바꾸지는 못했다. 그는 무슬림 여성들을 자기 주변의 다른 종교가 허용하고 있는 여성에 대한 존경의 수준 정도까지도 올려놓지 못했다. 예를 들면 그는 유대인들에 둘려 쌓여 있었다. 유대인들은 여성을 열등한 존재로 취급하지 않는다. 메카에는 에비온파 기독교인(Ebionite종파의 기독교인)들도 있었다. 이들 기독교인들은 오늘날의 기독교인들과 동일한 성경을 믿는 자들이 아니다. 그러나 그들은 여성을 이슬람보다는 훨씬 좋게 대하고 있었다.

어떻든 무함마드는 여아들을 구원하기는 하였으나 이렇게 살린 여아들이 성장하여 살아갈 환경을 개선시켜 주지는 못했다. 그는 아랍 문화가 가지고 있는 여성에 대한 태도를 그대로 존속시켰다. 즉 남성이 여성보다 우월한 존재라는 믿음이다.

이슬람 문화에서의 여성

나는 무함마드 시절에 여성들이 어떠한 대접을 받으며 살고 있었는지 명확하게 보여줄 수 있다. 그렇지만 오늘날의 무슬림 사회에서는 여성에 대한 태도를 올바르게 이해하려면 각 가정을 따로따로 잘 살펴보아야 한다. 여성의 지위는 곧 가족의 태도에 따라서 결정되기 때문이다. 좋은 가정에서 태어나 성장한 여성은 존엄성을 인정받으며 살 수 있다. 이집트에서의 나의 아버지는 어머니와 여동생을 가정에서 존중하셨다. 그러나 나쁜 가정의 소속이 된 여자는 고통을 감내하며 살아야 한다.

대부분의 무슬림들은 이슬람의 교리에 대해 무지하다. 또 꾸란에 남성이 여성보다 우월하다고 적혀진 사실은 알고 있지만, 무함마드가 여성을 비판한 방법에 대해서는 알지 못한다. 그러나 헌신적 무슬림은 지금 내가 말하려는 이슬람의 교리에 정통하고 있다.

특별히 이제 무함마드가 남긴 여성에 대한 몇 가지의 고정 관념을 살펴보도록 하자.

알라는 여성에 비하여 남성을 우월하게 창조했다

모든 꾸란의 구절을 망라하여 남성과 여성이 다르다는 점을 규정하고 있는 가장 유명한 구절은 꾸란 4:34이다.

남자들은 여성의 보호자이며 지켜주는 자이니 그에게는 알라가 다른 자에 비하여 더 큰 힘을 주셨고 자신의 수단으로 여자들을 부양하기 때문이니라.

―꾸란 4:34, 알리 역

이 구절에서 여러분이 놓치지 말아야 할 두 가지 사항은

1. 남자들은 여성을 보호하고 그를 부양해야 한다.
2. 남자들은 여성에 비하여 더 큰 힘을 알라로부터 받았다.

꾸란은 여성을 보호하기는 하되, 동시에 고정 관념으로 묶어 놓고 있다. 무함마드가 여성들을 보호하라고 명령한 것은 다행이다. 왜냐하면 그 당시의 사회적 현상으로 보아 여성들은 정말로 보호가 필요했기 때문이다. 그렇지만 무함마드는 여성에 대한 이슬람 사회의 태도를 바꾸려고 하지는 않았다. 그는 여성은 남성에 비하여 열등하다고 믿고 있는 아랍의 정서를 여전히 그대로 반영하고 있었다.

무함마드 사후 7백년이 지난 시기에 살았던 이븐 카티르(Ibn Kathir, 1302~1373)는 이슬람의 모든 역사를 통하여 가장 유명한 학자 중의 한 사람이다. 그의 저서 『위대한 꾸란의 주석, Commentary of the Great Quran』에서 그는 이 구절에 대하여 다음과 같은 명쾌한 주석을 달고 있다. 즉, 남자는 여성에 비하여 훨씬 더 우월하다는 것이다.

알라는 남자와 여자를 분명히 다르게 만들었으며, 여자에 비하여 훨씬 우월하고 좋게 만들었다. 알라가 남자에게 더 많은 지성과 일을 할 수 있는 능력을 허락하였고, 따라서 남자는 일을 하여 자기의 여자를 부양하기에 필요한 모든 생필품을 공급하는 능력을 가지고 있기 때문에 이 둘 사이에는 결코 동등성을 인정할 수 없다.[1]

이제 현재로 시간을 옮겨서 현대의 무슬림 학자들이 남성과 여성 사이의 동등성에 대하여 언급한 내용을 살펴보자.

모든 관심이 쇼핑몰이나 의상이나 최근의 패션과 자신의 헤어스타일에만 집중되어 있는 자들과 모든 점에서 동등하다고 한다면 이는 불공평하다. 여러분은 오직 위와 같은 사실만을 알고 있는 여자들과 늘 책임을 짊어 진 채 아내와 자녀를 부양하며 여자를 위하여 짐을 지고 어려움을 이겨나가는 남자 사이에 동등성을 주장할 수는 없다.[2]

현대적인 언어를 사용하였을 뿐 이 학자도 남자와 여자가 동등하다고 말한다면 이는 남자에게 불공평하다고 주장하고 있다.

---

1. Ibn Kathir, *The Quran Commentary*, as quoted in Ahmed To 'fa' ha, Women and Islam (Beiruit, Lebanon, 1985), 36.
2. Ahmed To 'fa' ha, Women and Islam, 33.

알라는 여성을 지성이나 종교적으로도 열등하게 만들었다

왜 여성은 열등한가? 왜 여성에게는 강함이 거부되었는가?

우리는 무함마드와 몇몇 무슬림 여성 사이에 오간 대화를 들어봄으로써 위와 같은 질문에 대한 대답의 증거를 발견할 수 있다. 내가 이 이야기를 읽었을 때에는 '이 여인들이 이토록 순진하다니!' 라는 생각으로 기가 막힐 지경이었다. 무함마드가 여인들을 비방하자 그 여인들은 자기들이 비방 받아야 할 이유에 대한 배경을 이해할 수 없어서 왜 그러냐고 물었다.

무함마드는 이 질문에는 대답을 회피한 채 다음과 같이 말했다. "이것은 나의 여러분에 대한 개인적인 의견이다." 그리고 이어서 "이것이 알라의 관점이다." 그의 말뜻은 "알라는 여러분이 여러분 자신에 대해서 알고 있는 것보다 더 많은 것을 알고 있다. 알라는 여러분을 속속들이 드러내어 여러분에 대한 진실을 말하고 계신다"는 것이다.

여기 그 이야기를 소개한다.

어느 날 알라의 메신저가 (기도, 원문 그대로 인용하면 '이드 알 아드하(Id al Adha) 또는 알 피트르(Al Fitr)' 기도를 하려고) 무살라(Musalla: 사원 또는 기도처)로 나아갔다. 그러던 중 여인들이 있는 곳을 지나게 되었다. 그는 여인들에게 말했다.

"오, 여인들이여! 자선을 베풀라. 내가 본즉 지옥에 있던 대다수의 사람들이 너희들(여성들)이었기 때문이니라."

그들은 물었다.

"오, 알라의 메신저여! 왜 그렇습니까?"

그는 대답했다.

"너희들은 저주하기는 즐기나 남편에게 감사하지 않느니라. 나는 지성이나 종교에서 너희들보다 못한 자를 본적이 없노라. 신중한 남자라 할지라도 너희는 그를 타락으로 인도하느니라."

여인은

"오, 알라의 메신저여! 지성과 종교에서 무엇이 부족하나이까?"

라고 물었다.

"남자 증인 한 사람과 여자 증인 두 사람이 같은 값어치를 가진다(꾸란 2:282).는 증거가 있지 않느냐?"

라고 무함마드는 대답했다.

그들은 "그렇습니다" 라고 수긍했다.

무함마드의 말은 계속되었다.

"또한 이것이 여성의 지성이 부족하다고 말하는 이유이다. 그리고 여성은 생리기간 중에 기도하거나 금식할 수 없지 않느냐?"

여성은 "그렇습니다." 라고 대답했다.

무함마드는 말했다.

"이 점이 여성이 종교적으로 부족하다고 말하는 이유이니라."[3]

이 이야기는 여성에 대하여 두 가지를 이야기하고 있다.

1. 여성은 남성만큼 지적이지 못하다. 이것은 법정에 섰을 때 여성 두 명의 증인이 남성 한 명의 증인과 동일한 비중이 있기 때문이다.

"그리고 너희 가운데 두 명의 남자를 증인으로 세울지니라. 그러나 만일 두 명의 남자가 네 주변에 없거든 너희가 서로 합당이 여기는 한 남자와 두 명의 여자로 증인을 삼을 지니 그렇게 함으로써 (그 두 명의 여자 가운데서) 만일 한 증인이

---

3. Sahih Bukhari, vol. 1, bk. 6, no. 301, narrated by Abu Said al- Khudri, http://www. usc.edu/dept/MSA/fundamentals/ hadithsunnah/bukhari/006.sbt.html (accessed June 11, 2007).

(잊어버림으로) 잘못을 행할 경우에는 다른 한 증인이 이를 생각나게 할 수 있게 할지니라."
- 꾸란 2:282, 무신 칸 역

여기 현대의 이슬람 학자가 내린 결론이 있다.

여성의 정신적 능력은 남성의 정신적 능력에 도달할 수 없다. 이 것은 모든 학자들이 인정하는 사실이자 대단히 익숙한 사항이다. [4]

2. 여성은 남성만큼 성결하지 못하다.

여성이 월경이 와서 기도나 금식을 하지 못하면 그 여성은 하지 못한 의무를 다음 기간에 반드시 채워야 한다. 그녀가 이렇게 의무를 다한다 해도 무슬림은 그녀에게 알라의 눈으로 보았을 때에는 "종교적으로 결함이 있다"고 말한다.

무함마드 자신도 여성이 나타나면 하던 기도를 무효화한다고 말했다. 이 말의 뜻은 그가 지금까지 하던 라카아를 처음부터 다시 시작해야 한다는 것이다. 그의 아내 아이샤는 다음과 같이 말했다.

'기도를 무효화 시키는 것들이 있으니 곧 개, 당나귀, 여자이다.' [5]

남자 한 명은 두 여자와 동일한 가치

남자의 여성에 대한 가치는 꾸란 속의 계시에서도 나타나고 있다. 꾸란에는 이렇게 기록되어 있다.

"남자 및 여자 형제가 있을 경우에는 남자는 두 여자의 몫을 가져야 한다."
- 꾸란 4:176, 샤키르 역

---

4. Al-Be' hay al-Koly, *Islam and the Modern Woman* (Kuwait: The Pen House, 1984), 241.
5. Sahih Bukhari, vol. 1, bk. 9, no. 493, narrated by 'Aisha', http://www.usc.edu/dept/MSA/fundamentals/hadithsunnah/bukhari/009.sbt.html (accessed June 11, 2007).

여성의 관점에서 보면 이 구절은 아들이 딸보다 그 유산의 몫에서 두 배를 가져야 한다고 말하고 있다. 여러분은 남성은 사회적으로 여성을 부양해야 하므로 더 많이 받아야 한다고 주장할 것이다. 어쩌면 맞는 말일지도 모르겠다. 그러나 꾸란을 보면 두 여자 증인이 한 남자 증인과 같은 법적인 효력을 갖는다고 말한다.

그리고 **너희** 가운데 두 명의 남자를 증인으로 세울지니라. 그러나 만일 두 명의 남자가 네 주변에 없거든 한 남자와 두 명의 여자로 증인을 삼을 지니

- 꾸란 2:282, 피크탈 역

위 두 구절을 놓고 생각해 보면 무슬림들은 반드시 다음과 같은 결론을 내릴 수밖에 없다. 두 명의 여자가 한 명의 남자와 동일한 가치를 가진다.

여성은 은혜를 모른다.

다음 장에서 알게 되겠지만 무함마드는 메디나에 거주하는 동안 자기 아내와의 관계로 인하여 시끄러운 삶을 살아야 했다. 무함마드의 그 유명한 '밤의 여행(Night Journey)' 중에서 발췌한 한 일화를 통하여 여러분은 그가 자기의 아내들이 감사할 줄 모른다고 불평하는 모습을 상상해 볼 수 있다.

메신저는 말했다. "나에게 지옥 불이 보였으며 그곳에서 거주하고 있는 사람들의 대부분은 감사할 줄 모르는 여자들이었다." 이에 대하여 질문했다. "그들은 알라를 믿지 않나이까?(또는 그들은 알라에게 감사할 줄 모르나이까)" 그는 대답했다. " 그들은 자신의 남편들에게 감사할 줄 모르며 자기들에게 베푼 호의와 선의에 감사할 줄 모른다. 너희가 만일 그들 중 하나에게 늘 자

비롭게 대해 왔다고 해도 그 여자는 너로부터 무엇인가 그녀가 좋아하지 않는 것을 하나라도 발견하면 그 여자는 '나는 당신에게서 아무것도 선한 것을 받은 적이 없노라' 라고 말할 것이다." [6]

이렇듯 무함마드는 아내들이란 남편들이 베풀어준 선을 감사할 줄 모르며 잘못만 들추어내려 한다고 불평하고 있다.

가장 평화를 존중하는 이슬람 학자도 여성에 대한 이러한 고정 관념은 인정한다. 이맘 가잘리(Ghazali)는 수피운동(Sufi movement)의 선봉에 선 유명한 이슬람 학자이며 이 수피 운동은 이슬람 역사상 가장 평화적인 운동이었다. 수피는 지하드를 실제적인 전쟁으로서 믿지 않았을 뿐만 아니라 지하드의 진정한 의미는 정신적인 투쟁이라고 주장했다. 그런 그도 여성에 대해서는 이렇게 적고 있다.

"너희가 대우해 하여도 너희를 악으로 되갚을 것들이 세 가지가 있는데 그 중의 하나가 여자이다." [7]

여성은 장난감이다.

진심으로 말하지만 오늘날 여성을 장난감이라고 말하는 것보다 여성을 더 모독하는 말이 이 세상에 있을 수 있는가? 그럼에도 불구하고 이러한 태도는 이슬람세계에서는 지금도 공공연한 것이다. 한 이슬람 학자는 다음과 같이 말한다.
메신저 무함마드는 여성이란 장난감에 불과하다고 말했다. 그리고 만일

---

6. Ibid., vol. 1, bk. 2, no. 28, narrated by Ibn 'Abbas,
http:// www.usc.edu/dept/MSA/fundamentals/hadithsunnah/bukhari/002.sbt.html (accessed June 11, 2007).
7. Imam Ghazali, Eh' he' yat A' um A' din, vol. 2. He was quoting the Islamic scholar al-Shafa' a.
8. Ahmed To' fa' ha, Women and Islam,180.

누군가가 여자를 소유한다면 그는 그 여자를 돌보아야 한다.[8]
무함마드의 추종자들도 동일한 입장을 견지했다.

어느 날 우마르(무함마드의 두 번째 계승자인 우마르 이븐 알 카티브)가 말을 전하고 있었는데 한 여자가 그의 말에 끼어들었다. 그러자 그는 여자에게 말했다. 여자여, 너와는 아무런 상관이 없노라. 너는 한 개의 장난감에 불과하나니 필요하면 그때 우리가 너를 찾을 것이다.[9]

지금의 일반적인 무슬림들은 이와 같은 하디스에 결코 접근할 수 없다. 또한 설사 그들이 이런 하디스를 접한다고 할지라도 그 진위를 결코 의심하지 않을 수 없을 것이다. 한편 헌신적 무슬림이 이러한 하디스를 듣게 된다면 그는 그러한 하디스를 담고 있는 원전을 찾아 나설 것이고 그 결과 그 원전은 무슬림 일상사에 관한 글로서 중동에 이미 잘 알려져 있는 한 작가로부터 나온 것이라는 사실을 발견할 것이다. 이 작가는 이슬람에 대항하는 글을 쓰는 비 무슬림이 아니다. 따라서 헌신적 무슬림이라 할지라도 이 하디스는 받아들일 것이다.

여성은 곧 불행이다.
무함마드도 여성은 '불행' 이라고 말했다.
무함마드가 말했다. "나는 여성보다도 더욱 해로운 어떠한 불행도 남자들에게 유산으로 남기지 않았노라." [10]

---

9. Abu Bakr Ahmad Ibn Abd Auah Ibn Mousa al-Kanadi, *Al-Musanaf, vol. 1*, pt. 2, p. 263.
10. Sahih Bukhari, *vol. 7*, bk. 62, no. 33, narrated by Usama bin Zaid,
http://www.usc.edu/dept/MSA/fundamentals/hadithsunnah/bukhari/062.sbt.html (accessed June 11, 2007).

무함마드는 여성을 구부러진 갈비뼈로 비유했다.

"알라의 메신저가 말했다. 여자는 갈비뼈와 같아서 너희가 만일 여자를 곧게 펴기 위하여 애쓰면 여자는 부러질 것이요 동시에 여자로부터 무엇인가 이득을 얻고자 원하면 여자가 아직 구부러진 모습을 가지고 있을 때에 그렇게 하여야 할 것이니라." [11]

무함마드의 말뜻은 여성에게는 결점이 있는 동시에 연약함(그것을 펴려 하면 부러진다)이 있다는 것이다. 여자는 있는 그대로 놔둘 일이지 더 좋게 가르치려 들지 말라는 뜻으로 보인다.

여자는 악의 근원이다.

나는 무함마드가 하는 말을 들었노라. "흉조는 세 가지 일에 머무나니, 곧 말(馬)과 여자와 집이니라." [12]

징조란 미래에 일어날 일에 대한 조짐을 말한다. 예를 들면 중동에 살고 있는 누군가가 외출하기 위하여 대문을 열었는데 까마귀 한 마리가 깍깍 울면서 공중으로 날아올랐다 하자. 그는 무엇인가 불길한 일이 일어날 것이라고 생각한다. 그 까마귀가 흉조(凶兆)인 것이다.

무함마드의 말에 의하면 말과 여자와 집은 흉조이다. 왜 이 세 가지가 흉조란 걸일까? 무함마드는 텐트 생활을 하던 베두인 출신이다. 그들에게는 집이 편한 곳이 아니었으며 따라서 집이란 그들에게는 흉조가 될 수밖에 없었다. 말은 전쟁과 살육 그리고 주검을 불렀

11. *Ibid.*, vol. 7, bk. 62, no. 113, narrated by Abu Huraira.
http://www.use.edu/dept/MSA/fundamentals/hadithsun nah/bukhari/062.slt.html (accessed June 11, 2007).
12. *Ibid.*, vol. 4, bk. 52, no. 110, narrated by 'Abdulla bin 'Umar.
http://www.usc.edu/dept/MSA/fundamentals/hadithsunnah/bukhari/052.sbt.html (accessed June 11, 2007).

기 때문에 흉조가 되었다. 그러나 여자는 그가 여자이기 때문에 흉조가 되었다.

몇 가지 좋은 말들

무함마드는 여성의 가치를 깎아 내리거나 부정적인 고정 관념을 보였으나 한 편 여성 특히 어머니를 대우하라는 말도 남성에게 전했다.

여성에 대한 또 한 가지 유명한 교리가 하디스에 수록되어 있다.

한 남자가 무함마드에게 물었다.

"내가 마땅히 복종하여야 할 자가 누구입니까?" 무함마드가 말했다.

"너희 어머니이니라." 남자가 물었다.

"누구시라고요?" 무함마드가 대답했다.

"너희 어머니이니라." 세 번째로 그 남자가 물었다.

"누구시라고요?" 무함마드가 대답했다.

"너희 어머니이니라." 네 번째로 그 남자가 물었다.

"누구시라고요?" 무함마드는 대답했다. "너희 아버지이니라."

이맘들은 이 짧은 이야기를 들어 어머니에게 복종하고 존경하라고 가르친다.

꾸란에는 다음과 같은 말이 있다.

...그리고 나는 사람들에게 책임감이 있게 행동하고 부모를 존경하라고 명하여 왔노라. 어머니는 고통 가운데서 너희를 잉태하여 낳았노라. ....

- 꾸란 46:15, 무신 칸 역

심지어는 오늘날에도 무함마드의 유명한 말인 "천국은 어머니의

발아래 있느니라" 라는 말을 즐겨 읊조린다. 무슬림 사회는 어머니
뿐만 아니라 모든 여성이 가치 있는 존재라고 주장할 때 이 말을 사
용한다.

앞서 내가 말했듯이 남자들은 여자를 책임지고 있다고 말한다.
즉"남자는 여자를 보호하고 지켜준다"
- 꾸란 4:34, 무신 콴 역

이렇게 여성에 대한 수많은 부정적 태도를 보이고 있음에도 불구
하고 이맘들은 여성에 대한 다양한 교리를 이용해 이슬람 사회가 여
성들을 존경과 친절함으로 대하고 있다고 주장할 수 있다.

제10장

이슬람의 결혼 율법

7세기의 아라비아와 같은 격정적이고 변덕스러운 사회에서는 결혼생활도 마찬가지다. 남편과 아내는 격심하게 논쟁을 벌인 후 이혼했다가 다시 합하곤 했다. 무함마드가 행한 13명의 아내와의 결혼도 또한 그렇게 거칠었다.

여성을 어떻게 바라보았는지를 이해하기 위해서는 여성이 아내로서 어떤 역할을 하였는지 알아보면 도움이 된다. 우리는 먼저 무함마드와 그 아내와의 관계를 살펴보고 이것이 무슬림 사회에서 결혼을 규제하기 위한 율법에 어떠한 영향을 미쳤는지 살펴볼 것이다.

무함마드의 아내들

무함마드가 계시를 받으며 지낸 첫 11년 동안 무함마드의 첫 아내였던 카디자(Khadija)가 죽을 때까지는 무함마드에게 아내는 단 한 명뿐이었다. 그 아내는 사회에서 명망이 있는 훌륭한 여성이었으며 무함마드가 받은 계시를 철두철미하게 지지해주었다.

그렇지만 그런 카디자가 죽자 무함마드에게 시집온 소녀는 전혀 달랐다. 내가 무함마드에게 시집온 소녀라고 부르는 데는 그럴만한 이유가 있다. 즉 그 여성이 무함마드와 약혼할 당시에는 단지 어린 여자 아이에 불과하였기 때문이다. 많은 무슬림들은 그 여자 아이가 도대체 얼마나 어렸었는지 실감하지 못한다. 가장 중요시 되는 하디스인 『부카리의 올바른 책, *He Correct Book of Bukhari*』을 보면 무함마드는 그녀가 단지 여섯 살이었을 때에 약혼하여 아홉 살이 되었을 때에 결혼식을 올렸다.[1]

이 소녀의 이름은 아이샤였으며 열여덟 살이 되던 해 무함마드가 죽을 때까지 가장 사랑 받는 아내로서 무함마드와 함께 지냈다. 그들의 결혼 생활 동안 아이샤는 간통으로 고소된 적이 있었는데 꾸란에는 이 사건과 관련하여 긴 구절(꾸란 42:11~18 참조)이 기록되어 있다. 나는 이 사건으로 인하여 무함마드가 여성을 믿을 수 없는 존재로 생각하게 되었을 것이라고 믿는다.

그러나 무함마드는 아이샤와 결혼함으로써 여성과의 관계를 끝낸 것이 아니다. 카디자가 죽자 그 앞에는 마치 결혼의 대문이 홍수 때 열리는 수문처럼 활짝 열린 듯 했다.

때로는 무함마드는 전쟁 포로로 잡혀온 여인들 가운데서 가장 아름다운 여자를 찾아 내어 자기의 아내로 삼기도 했다. 이러한 방법으로 맞이한 아내들 가운데 잘 알려진 경우가 하나 있는데 그 소녀

---

1. See Sahih Bukhari, vol' 7, bk. 62, no. 88, narrated by 'Ursa,
http://www.usc.edu/dept/MSA/fundamentals/hadithsunnah/bukhari/062.sbt.html
(accessed June 11, 2007).

는 사피야 빈트 호 야이(Safia bint Ho yay)라는 이름을 가진 유대인이 었다. 다른 유대 여성 하나는 이름이 주와이리야 빈트 알 하리스 (Juwayriya bint al Harith)였다. 결국 그는 카디자가 죽은 후 열두 명의 아내와 결혼을 하였던 것이다.

이런 여인들은 한결같이 서로 누가 무함마드와 더 많은 시간을 함께 하였느냐를 놓고 시샘을 했다. 그들은 아이샤가 자기들보다 더 많은 밤을 무함마드와 보내는 것에 대하여 불평을 늘어놓았다. 어느 날 무함마드는 그들을 모두 버려버리겠노라고 위협을 하기까지 했다. [2]

무함마드의 여자 노예들

이슬람 율법에는 아내의 지위가 규정되어 있기도 하지만 아마 (amah)라 하여 "노예" 라는 뜻을 가지고 있는 또 다른 무엇이 있기도 하다. 무함마드 시절의 거의 모든 무슬림들에게는 여자 노예가 있었다. 왜 일까? 무함마드 시절의 여자들이란 마치 시장에서 사고 팔 수 있는 상품과도 같은 존재였기 때문이다. 또한 전쟁을 치르고 난 후에 사로잡은 여자와 소녀들은 노예가 되었으며 전쟁에 투입된 군 사들에게 전리품으로 적당히 배분했다.

따라서 이 당시의 메디나에서 어느 한 사람의 가정을 방문하면 만나게 되는 여자는 한 사람이 아니었을 것이다. 여러 명의 여자들 을 만나더라도 그들 가운데 존재하는 계급의 차이는 발견할 수 있었

---

2. See Sahih Muslim, bk. 9, nos. 3507–3511,
http://www.usc.edu/dept/MSA/fundamentals/hadithsunnah/muslim/009.smt.html
(accessed June 11, 2007).

으리라. 한 여자가 다른 여자에 비하여 특히 많은 권한을 가지고 있어서 집에 미치는 영향력이 크다는 것을 발견 했을 것인데 그 여자가 바로 그 집안의 아내였을 것이다. 그리고 여러분은 아마 가정부와 같은 여인도 만날 수 있었을 것인데, 이 여자는 아내와는 사뭇 다른 대우를 받고 있으며 또 그 신분에 맞는 복장을 하고 있었을 것이다.

심지어는 지금도 사우디아라비아의 몇몇 가정을 방문하면 똑 같은 모습을 발견할 것이다. 그들에게는 물론 무함마드 시절의 노예 같은 그런 노예는 없지만 스리랑카나 필리핀에서 이주해온 여인들이 있고 그들은 그 집에서 하인과 같은 생활을 하고 있으며 남자는 그들을 자기가 원하는 대로 성적 노리개로 부릴 수 있다.

이슬람 율법 아래에서는 무슬림 남자는 집안의 노예와 섹스를 할 수 있는 권리를 가지고 있으며 그럼에도 불구하고 그녀들을 아내로 삼지 않아도 되고 남자의 이름을 붙일 수도 없다. 그녀들에게는 그 남자로부터 아무것도 상속받을 권리가 주어지지 않는다. 그녀는 어떠한 경우에도 아내와 동일한 지위에 오를 수 없다. 그녀에게 자식이 생기더라도 그 자식은 그 여자의 자식이지 남자의 자식이 될 수 없다. 그들에게는 남자의 성이 주어질 수 없고 오로지 어머니의 성을 물려받게 된다. 그러므로 예를 들면 그들은 결코 무함마드의 아들 무스타파라는 이름을 가질 수가 없으며, 파티마 또는 마리아의 아들 무스타파라는 이름으로 불린다. 무함마드에게는 23명의 여자 노예가 있었다.[3]

무함마드의 아내 및 여자 노예들과의 관계를 염두에 두면서 이슬람 율법이 결혼, 섹스, 이혼 등에 대하여 어떻게 가르치고 있는지 살펴보자.

---

3. See Ibn Kathir, *The Beginning and the End*
(Beirut, Lebanon: Revival of the Arabic Tradition Publishing House, 2001).

이상적인 결혼

남편과 아내에 관하여 언급한 꾸란의 구절 가운데 가장 좋은 구절

그리고 그가 행한 많은 기적 가운데 이러한 기적이 있나니 곧 그가 너를 위하여 네 자신으로부터 너의 짝을 만들었고 너희들은 그 짝과 함께 평안함 가운데 거할 것이며 너희들의 (심령)에 사랑과 자비를 불어 넣으신 것이니라. 그러므로 사랑과 자비를 보이는 자들에게 그것은 참 기적이니라. ─꾸란 30:21, 알리 역

무슬림들은 결혼예식에서 반드시 이 구절을 인용하여 사용한다. 이와 같은 구절은 전 꾸란을 통하여 오직 이 한 구절밖에 없다. 꾸란에 실려 있는 결혼에 대한 다른 모든 구절들은 불순종하는 아내와 같은 문제를 해결하는 방법이나 이혼하는 절차에 관한 규정 등에 온통 초점이 맞추어져 있다.

아내를 길들이는 남편

앞 장에서 우리는 남자는 여자의 보호자이며 파수꾼이라고 말하는 꾸란 4:34의 첫 부분을 살펴보았다. 다음 부분에서는 무슬림 남자들이 만약 아내가 자기들에게 불순종할 경우에 어떻게 하여야 하는지를 말하고 있다.

너희에게 불순종하거나 옳지 않은 행동을 할 우려가 있는 여인들은 (먼저) 타이르고 (그 다음에는) 침실을 함께 사용하기를 거부하며 (최후에는) 그들을 (가볍게) 때릴 것이라. 그러나 그들이 돌아서 순종하면 그들을 향하여 괴롭게 하는 수단을 강구하지 말지니라. ─꾸란 4:34, 알리 역

다시 말해 아내들을 다루기 위한 3단계의 방법이다. 첫째 타이르고 둘째 잠자리를 함께하지 말며 셋째 그들을 가볍게 때리라는 것이다.

무슬림 국가의 자유주의 여성들은 이 구절을 심판대에 올려놓고 때리는 문제에 대한 해결책을 격렬하게 요구한 적이 있다. 나는 어느 남편도 아내를 때려서는 안 된다는 주장을 지지하며 이러한 여인들의 노력으로 무슬림 사회가 변화되기를 진정으로 바란다. 그러나 나의 생각에는 이 여인들에게 불어 닥칠 도전이 절대로 만만치 않을 것이라 여겨지는데 이는 설사 그들이 이 구절의 적용을 성공적으로 변경시킨다고 해도 꾸란과 하디스에 들어 있는 일반적인 여성에 대한 모습은 변경시킬 수 없을 것이기 때문이다.

끝없는 욕정

아라비아 사회는 성적인 욕망을 추구하였으며 남자는 성적 스태미나를 자랑하는 관습이 있었다. 대부분의 무슬림들은 무함마드의 성적인 스태미나에 관한 일화들이 하디스에 여러 편 실려 있다는 사실을 미처 알지 못한다. 예를 들면

무함마드는 하룻밤 사이에 모든 아내를 거쳐 가곤(성적인 관계를 가지곤) 했다. 그 때 그에게는 아홉 명의 아내가 있었다.[4]

알라의 메신저는 말했다. 알라는 내게 성(性) 능력에 관해서 40명의 남자에 해당하는 능력을 주셨다.[5]

무함마드의 추종자들도 모두 여러 명의 아내를 두었다.

무함마드 시절에 가장 종교적이었던 사람은 알리였는데 그도 네 명의 공식적인 아내와 열일곱 명의 첩을 두었다.[6]

이런 섹스 지향적인 성향은 천국을 가르치는 꾸란의 구절에도 나

---

4. Sahih Bukhari, vol. 7, bk. 62, no. 142, narrated by Anas bin Malik,
http://www.usc.edu/dept/MSA/fundamentals/hadithsunnah/bukhari/062.sbt.html
(accessed June 11, 2007).

타나 있으며 천국에서는 남자는 처녀들과 영원히 섹스를 즐길 수 있다(꾸란 52:20 참조). 이슬람 전통에서는 심지어는 아내와 섹스를 하기 전에 남편이 드려야 하는 기도까지 있다. 만약 그가 이 기도를 드리지 않으면 사탄이 아내와 섹스를 가진다고 믿는다. 이 기도 말은 이렇다. "오, 알라여! 사탄으로부터 나를 보호하소서. 그리고 나에게 주신 것(아내를 의미)으로부터 사탄을 물리쳐 주옵소서." 헌신적 무슬림들은 이 절차를 준수할 것이다. 심지어는 성교 시에 택해야 할 체위까지도 꾸란에 언급되어 있다(꾸란 2:223참조).

꾸란의 이혼 율법

무슬림과 아라비아 사회에서 이혼은 흔한 일이다. 내가 알기로는 무함마드도 이 성향을 크게 변화시키지는 못한 것 같다.

나의 개인적인 의견일 뿐이지만 무함마드가 여성을 비록 열등한 존재로 간주했다고 할지라도 그는 그 열등한 여성들과 함께 하는 일을 즐겼으며 무슬림 여성이 불공정하게 대우받는 것을 보고 싶지는 않았을 것이라고 생각한다. 이혼에 대한 이슬람의 율법을 보면 남성을 여성에 비하여 훨씬 우위에 놓고 있는 것은 사실이지만 여성을 불공정하게 대우하거나 여성이 궁핍한 상태에 놓이지 않도록 하라고 남성들에게 주의를 환기시키고 있다는 점에서 그렇다.

언제나 그렇듯이 이슬람 율법은 문제를 해결하려면 먼저 꾸란에서 예를 찾는다. 추가적인 확증을 얻으려면 무함마드의 언행록인 하디스를 참조한다. 이 장에서는 우리도 이와 동일한 형태를 밟을 것이다.

---

5. Ibn Isad, The Great Classes, vol. 8, p. 139.
6. Imam Ghazali, Eh°Øhe°Øyat A°Ølum A°Ødin, vol. 2, p. 27.

꾸란은 이혼에 대하여 두 장에 걸쳐서 가르치고 있다. 꾸란 65장은 '이혼' 이라는 적절한 제목이 부여되어 있으며 숙려기간을 규정하고 있다. 꾸란 2장은 '황소' 라는 장인데 부양 또는 1회의 선물을 포함하여 이혼한 여성에 대한 공정한 대우에 대하여 규정하고 있다. 아래에서 이 구절에 관하여 좀 더 상세히 설명한다.

이혼이 성립되려면 먼저 숙려기간을 거쳐야 한다.

꾸란 65장의 구절에서는 한 남자가 여자와 이혼을 한다고 선언한 후 여자가 실제로 그 집을 떠나감으로써 이혼이 성립될 때까지는 일정 기간의 이혼숙려기간을 가져야 할 필요가 있다고 규정하고 있다. 만일 여자의 생리 기간이 일정했다면 남편은 여자가 생리 기간이 아닌 때를 택하여 이혼하도록 노력하여야 하며 그녀의 다음 생리기간이 끝나 여자가 다시 순결하게 되는 날이 곧 이혼숙려기간의 만료일이 된다. 이혼숙려기간이 끝나면 남편은 그녀와 다시 합할 것인지 아니면 "좋은 방법으로 헤어질 것인지" 를 결정하여야 한다.　　　－꾸란 65:2

자연히 무슬림 사회는 여러 가지 가능한 상황에 대해서도 기준이 필요했을 것이다. 그래서 꾸란의 구절은 만약 아내가 너무 나이가 많거나 또는 너무 어려서 생리를 하지 않을 경우에는 이혼숙려기간을 3개월로 한다고 정하고 있다.
　　　－꾸란 65:4

아내가 임신한 경우에는 임신 상태가 끝날 때까지 이혼은 성립되지 않는다.

아내가 임신하고 있는데 남편이 이혼을 선언한 경우에는 아내가 더 이상 임신 상태가 아닐 때까지 이혼이 허용되지 않으며 남편은 이혼이 가능할 때까지 계속하여 아내를 부양해야 한다. 아기를 출산하면 아기는 남편에 속한다. 아기를 출산할 때까지 남편은 이혼 여부를 결정해야 하지만 남편은 자기 대신 아내가 아이를 기르도록 하고 그 양육비를 부담할 수도 있다. 남편이 선택할 수 있는 또 다른 대안은 아기를 자기가 책임지고 다른 여자를 선택하여 아기를 양육하는 방법이다.

- 꾸란 65:6

남편은 아내에 비하여 이혼시 더 많은 권리를 누린다.

그리고 이혼한 여자는 세 달을 기다려야 하나니 만일 여자가 알라와 알라의 최후 심판 날을 믿을진대 알라가 그들의 자궁에 창조한 것을 감추는 것은 율법에 어긋난 행동이니라. 이제 그들이 다시 합하기로 한다면 남편은 일정 기간 후에 배우자를 다시 데려올 수 있는 권리가 (아내보다) 더 크니라. 또한 여자들은 이혼 상대와 비교하여 정당한 방법에 따라서 유사한 권리를 가질 것이나 남자는 여자에 비하여 한 단계 높은 권리를 가지노라. 그리고 알라는 전능하시며 현명하시니라.

- 꾸란 2:228, 샤키르 역

이 구절에서는 당연히 남자가 여자보다 이혼 시에 "한 단계 더 높은" 권리를 가진다고 말한다.

남편은 아내를 학대할 목적으로 데리고 있어서는 안 된다.

너희가 아내와 이혼하려 하여 너희 부부가 이따(이혼숙려기간, iddah)를 다 채우거든 아내를 다시 합당한 조건으로 데려오든가 아니면 합당한 조건으로 자유롭게 놓아 줄지니 결코 그들에게 해를 끼치려고 데려 오려고 하거나 정당하지 못한 이득을 얻으려고 데려 와서는 안 되나니 누구든지 이러한 일을 행하는 자는 스스로에게 잘못을 저지른 것이니라. …

- 꾸란 2:231, 알리 역

남편이 아내와 혼인을 완성하지 못할 경우, 아내와 이혼할 수 있으나 1회의 선물을 주어야 한다.

너희가 만일 아내에게 아직 손대지 않았고…. 합리적인 금액의 선물을 아내에게 주어야 하느니라.

- 꾸란 2:236, 무신 칸 역

남편은 이혼한 아내를 위하여 생계비를 지불하여야 한다.

이혼한 여자에게는 합리적인 규모의 생계비를 지불하여야 한다. ….

- 꾸란 2:241, 무신 칸 역

하디스의 이혼 율법

여러분이 하디스에 나오는 이혼에 대한 이야기를 읽으면 아마 그 사회의 변덕스럽고 열정적인 상호관계를 더 쉽게 파악할 수도 있을 것이다.[7]

예를 들면 남편과 아내가 말다툼을 했다고 가정하자.

남편은 화가 나서 아내에게 처음으로 "너와는 끝이야(또는 이혼해)!" 라고 말했다. 그 후 생각해보니 자기는 아내와 이혼하고 싶은 마음이 없다는 것을 깨달았다. 이런 경우 이슬람 율법에 의하면 남편은 아내에게 가서 화해할 수 있다. 그런데 다시 싸움이 나서 남편이 아내에게 "너와는 끝이야(또는 이혼해)!" 라고 두 번째 말했다. 이때에도 그는 아직 마음을 돌려 아내와 화해할 수 있다. 그러나 만일 그들이 돌이킬 수 없는 갈등에 휩싸여 남편이 아내에게 "너와는 끝이야(이혼해)!" 라고 세 번째 말하면 한 가지 조건 즉 '아내가 다른 남자와 결혼하여 이혼하는 경우'를 제외하고는 그들은 절대 다시는 화해할 수 없다고 이슬람 율법은 가르치고 있다.[8] (이슬람사회에는 서방에는 없는 특이한 직업이 있는데, 이런 경우 이혼한 아내가 다른 남자와 결혼해서 그 남자와 이혼 후 다시 결혼할 수 있는데 이때 잠시 다른 남자와 결혼한 후 이혼해야 하는 제도 때문에 모할렐

---

7. You can get an amazingly detailed picture of Muslim society by reading a few chapters from book 9 of the Sahih Muslim, one of the most respected collections. There you will find 104 accounts about Muhammad's conflicts with his wives, specific divorces within the community, and divorce regulations. This fuu chapter is available at
http://www.usc.edu/dept/MSA/fundamenrals/hadithsunnah/muslim/009.smt.html.

이라는 특이한 직업이 있다. -편집자 주)

　　일반적인 무슬림들은 이 교리를 보편적인 것으로 받아들이며 사람들도 싸움을 할 때는 말에 대단히 조심한다.

　　남자들은 참으로 다양한 이유로 아내와 이혼이 가능한데 사사로운 것으로부터 심각한 것까지 그 종류가 다양하다. 남편은 아내가 믿음직스럽지 않다는 이유나 다른 남자와 잠을 잤다는 이유로 이혼할 수 있을 뿐만 아니라 서로 많이 다투었다는 이유로 이혼하거나 한 번 심하게 다투었다는 이유만으로도 이혼할 수 있다. 때로는 아내가 아이를 가질 수 없다는 이유로도 이혼한다. 남편은 아내에게 "내게 아이를 낳아 줄 다른 여자와 결혼하기 원한다" 라고 말할 수 있다. 만일 지금의 아내가 이 말을 거부하고 "나는 이 집에서 다른 여자와 함께 살 수 없어요" 라고 말하면 남편은 즉시 이혼을 결정할 수가 있다 (이때 여자는 그 남자의 아내로 계속 살아가든지 아니면 이혼하든지 선택할 수 있는데 일부 무슬림여성들은 이를 본인 스스로 선택할 수 있다며 '평등' 이라고도 한다 – 편집자 주).

　　이슬람 율법 아래에서는 여자는 남편처럼 이혼을 제기할 수 있는 동등한 권리를 갖지 못한다. 그러나 여자에게는 알 쿨라(al khula)라는 권리가 주어지는데 이 뜻은 이슬람 율법에 비추어 더 이상 남편으로서의 자격을 갖추지 못한 경우에 남편과 이혼할 수 있다는 말이다. 이 원리는 남편이 이슬람을 배교하여 다른 종교를 섬기거나 이를테면 남편이 무의식과 같은 불구의 상태에 빠져서 남편이나 아버지로서의 역할을 할 수 없는 경우에 적용될 수 있다. 알 쿨라는 율법을 어긴 경우와 또는 사소한 이유에는 적용될 수 없다. 이것은 정말로 심각한 사유가 있어야 성립한다. 다시 말해서 이슬람 율법에 의하면

8. See Sahih Muslim, bk. 9, nos. 3491-3493.
http://www.usc.edu/dept/MSA/fundamentals/hadithsunnah/muslim/009.smt.html
(accessed June 11, 2007).

이혼은 남자의 권리이며 알 쿨라는 여자의 권리이다.

과거의 무슬림 여자는 이혼을 제기할 권리가 없었다. 그러나 현재 이슬람 국가 중에서도 중도적인 정부는 여자가 위험에 처한 경우 이혼을 청구할 권리를 여자에게 부여하고 있다. 여기저기서 작지만 변화가 일어나기 시작한 것이다.

결론

이슬람 율법은 남자를 월등한 존재로 만든다. 그러나 그렇다고 모든 남자가 자기의 아내를 학대하는 것은 아니며 아내를 괴롭히는 것도 아니다. 일반적인 무슬림들은 무함마드 시절의 남자들보다는 자기의 아내를 훨씬 더 잘 대우한다. 그들은 여러분이 이 장에서 읽어본 구절들은 결코 들어 본 적도 없을 것이다. 그러나 헌신적 무슬림들은 확실하게 다르다. 그들에게는 이 장에 실린 거의 모든 내용들을 그대로 실천해야 하며 여성에 대한 자기들의 태도가 본 장의 내용과 동일하다는 사실도 그들은 알고 있다.

제11장
여성의 권리

이슬람세계에서 여성과 남성이 동등하게 대우받는 영역이 있는데 이는 이슬람 율법에서 규정하고 있는 의무를 질 때이다. 여성은 거리에서 몸을 가려야 하며 여행을 떠나려면 허가를 받아야 하지만 여전히 하루에 다섯 번의 기도와 라마단 기간에 금식을 실시해야 하며 할 수만 있다면 메카로의 성지순례에도 참여해야 하고 천국에 들어가고 싶다면 가난한 자들에게 자선도 베풀어야 한다.

그리고 남성이나 여성이나 누구든지 선행을 행하는 자와 그가(또는 그 여자가) 믿는 자이면 그러한 자들은 천국에 들어갈 것이며 그들에 관해서는 조금도 잘못되지 않을 것이니라.

- 꾸란 4:124

여성에게도 지하드의 의무는 부여된다. 무함마드의 시절에는 여성도 여러 명 지하드에 참전하여 군대와 함께 이동하며 부상자들을 치료했다.

한 여자가 와서 바니 칼라프(*Bani Khalaf*) 궁전에 머물렀으며 자기의 형부가 무함마드를 따라서 12번의 지하드에 참여했는데 이 때 자기의 언니는 남편과 더불어 그 가운데 여섯 번을 참여했다고 말했다. 그 여자의 언니는 "우리는 부상자들을 치료하고 환자를 돌보곤 했다" 고 말했다.[1]

헌신적인 무슬림 여성은 오늘 날에도 지하드의 부름에 응하고 있으며 내가 이집트에 살고 있었을 당시에는 이런 사실들을 쉽게 자주 목격했었다.

원리주의 무슬림 여성

이집트에 살고 있었던 시절, 우리 집은 일반 잡화가 필요할 때에는 늘 어느 원리주의 무슬림이 운영하는 잡화상에서 구입했다. 그는 수염을 길게 기르고 있었으며 그의 아내는 완전히 몸을 가리고 지냈다. 어느 날 그를 보았는데 조금 서글픈 모습을 하고 있었다. 그래서 나는 그에게 물었다.

"무슨 일이 있었습니까?" 그는 대답했다.

"내 아내가 자기 친정으로 떠나가 버렸다네. 그리고 이제 내게 돌아오고 싶지가 않다는 거야."

"왜요?" 라고 나는 물었다. 그는

"그녀는 내가 알라를 섬기는 방법이 잘못되었다는 거야" 라고 대답했다.

"무엇이 잘못되었다는 건가요?" 나는 다시 물었다. 그는 대답했다. 그녀는 내게

"당신은 왜 우리의 신앙을 지키기 위하여 이슬람 원리주의자 그룹에 참여하여 알라의 도를 위해 싸우려 하지 않느냐? 당신은 알라보다 돈이 더 중

---

1. Sahih Bukhari, vol. 1, bk. 6, no. 321, narrated by Aiyub, http://www. usc.edu/dept/MSA/fundamentals/hadithsunnah/bukhari/006.sbt.html (accessed June 11, 2007).

요한 게 틀림없어요. 라는 거야. 그리고 그것이 싫다는 이야기라네." 나는 그에게 말해주었다.

"그래, 그녀는 당신이 전쟁에 나가서 죽지 않는다고 당신을 떠나 집으로 가버렸군요. 결국 그녀는 당신을 죽이고 싶은 거군요. 그렇지요? 당신은 그런 여자와 살고 싶으세요? 그 여자가 올바른 아내입니까?" 그가 슬프게 대답했다.

"아내는 알라에 대한 충성심이 나보다 훨씬 강해!"

무슬림 여자가 이슬람에 헌신적으로 되는 경우는 그것은 곧 자기의 인생에 영향을 미친다. 그녀는 무함마드와 그를 이은 첫 칼리프가 다스리던 시절에는 여성들이 어떤 역할을 수행했는지를 배운다. 그 때의 여성들은 지하드에 참여하여 남성들과 어깨를 나란히 하고 전투에 임하였으며 부상병들을 간호하거나 음식과 탄약을 날랐던 것이다.

이슬람 역사에는 네 아이의 어머니였던 알 칸사(Al Khansa)라는 여인에 관한 유명한 이야기가 전해 내려온다. 그녀의 가정에 지하드의 부름이 있었다. 그리하여 그녀의 첫 아들이 부름에 응하여 전장에 나갔으며 전투에서 사망했다. 지하드의 부름이 다시 이 가정에 내려왔다. 이제 두 번째 아들이 전장에 나가서 죽었다. 세 번째 아들도 역시 그렇게 죽었다. 마지막으로 네 번째 아들까지도 죽었다. 네 번째 아들의 전사 소식을 들었을 때 그녀는 말했다.

"나의 아이들이 죽음으로써 나를 영광스럽게 하여 주신 알라께 감사를 드립니다. 이제 제게 아들이 하나 더 있다고 하더라도 나는 그를 알라에게 바칠 것입니다." 1994년 알 카에다는 여성들로 하여금 지하드에 참여 하도록 유도하기 위하여 이 여자의 이름을 붙여

잡지를 발행했다.[2]

이런 이야기들은 헌신적 무슬림 여성들을 원리주의자로 변하도록 자극을 주고 있다. 마음 속 깊이 알라를 위하여 올바르게 살고 싶은 것이다.

오늘날 살아있는 수니파 학자로서는 가장 명망 있는 카라다위 (Qaradawi) 박사는 지하드의 의무에 관한 한 여성과 남성 사이에는 아무런 차이도 있을 수 없다고 주장했다.

여기 2006년 11월 11일에 모로코 출신의 아불 페다트(Abul Fedat)가 던진 질문에 대답한 카라다위 박사의 말을 싣는다. 아불은 "여성이 알라의 이름으로 전투에 참여하여 자살 폭탄을 품고 자기와 다른 사람을 모두 죽이는 것을 허용하십니까?" 라고 물었다.

카라다위 박사의 대답이다.

무슬림 학자들은 무슬림의 적들이 이슬람 땅에 들어왔을 때는 지하드는 의무가 된다는 사실에 전원 의견이 일치되었다. 이에 관한 한 무슬림 여성과 남성 사이에는 아무런 차이가 없다. 그들은 투쟁하고 싸워야 하며 이를 위하여 배우자로부터 허가를 받을 필요가 없다. 아이들도 부모로부터 허가를 받을 필요가 없다. 그러나 적들이 이슬람의 땅에 발을 들이지 않았으며 전투가 국외에서 벌어지는 경우에는 여자는 (지하드에 나가기 이전에) 남편의 허가를 받아야 한다. 여자도

---

2. See Iqra Islamic Publications, "Great Muslim Women Companions of Prophet Muhammad," , " http://www.iqra .net/articles/muslims/greacwomen.php (accessed June 11, 2007); and Middle East Media Research Institute, special dispatch series, "Al-Qa' ida Women's Magazine: Women Must Participate in Jihad," no. 779, September 7, 2004, http://memri.org/bin/articles.cgi? Page=archives&Area=sd&1 D=S P 77 904 (accessed June 11, 2007)

자살을 감행하는 것이 허용되며 이것이야말로 알라를 위하여 할 수 있는 가장 선하고 아름다운 알라가 용납할 수 있는 행동이다. 알라는 이것을 감사히 여길 것이며 그것에 대하여 보상을 하여주실 것이다.

카라다위는 꾸란 9 : 71을 인용함으로써 그의 대답을 마무리 했다.
믿는 자는 남자와 여자 모두가 서로의 보호자가 되나니 그들은 정의로운 일은 좋으나 악은 금하느니라. 그들은 일상적인 기도를 행하며 일상적인 자선을 베풀고 알라와 그의 메신저에게 복종하느니라. 알라는 그들에게 자비를 베푸리니 알라는 전능하시며 지혜로우시니라.　　　　　　　　　- 꾸란 9:71, 알리 역

이러한 공식적인 견해를 통해 라다위 박사는 무슬림 세계를 향하여 여성도 자살폭탄을 감행할 권리가 있다고 분명하게 밝히고 있다.[3]

결론

이슬람 안에서 여성은 결코 평등한 대우를 받고 있지 못하고 있음에도 불구하고, 가난한 자들에게 자선을 베풀어야 한다느니 또는 원리주의 무슬림이라면 지하드에 참여해야 한다는 등의 종교적 의무는 꾸란의 측면에서는 남성과 여성이 대등하다. 요약하면 여성에게 의무는 동일하게 부과하고 있되 자유는 그렇게 보장하지 않고 있다.

---

3. I obtained this information from Dr. Qaradawi's Web site in Arabic at www.qaradawi.net.

제12장
여성의 권리 상실

무함마드 이전의 아라비아 사회에서는 남자가 단지 여자를 마주 보는 것만으로도 소위 재수가 없다는 믿음이 있었다. 이런 태도는 손쉽게 무슬림의 문화로 스며들었다. 이슬람은 끊임없이 남자와 여자를 격리시키려고 노력했으며 그들 사이에 이루어지는 대화를 대단히 엄격하게 제한했다. 예를 들면 여자는 금요일의 기도회에는 참석할 수 있었으나 보통의 주중에는 가능하면 사원이 아니라 집에서 기도하라고 권유했다. 학교, 축제 그리고 심지어는 가족 구성원들 사이에서 조차도 남성과 여성을 엄격하게 차별했다.

여성들은 이슬람의 격리 시스템과 남녀간의 관계에 대한 의심으로 온 몸을 가려야만 했다. 이 시스템은 첫째 여자가 몸을 반듯이 가리게 하고, 둘째 여행을 하지 못하게 함으로써 남자와 여자 사이에 빗장을 질렀다.

- 덮개(covered)
- 제한된 여행

중동이라고 하여도 좋은 가정에서는 여성도 남편과 아이들과 친족으로부터 인격을 존중 받고는 있으나 여전히 자유는 보장받지 못한다.

왜 여성은 몸을 가려야 하는가

1960년대와 70년대에 나의 이집트에서의 성장기 때, 나의 가정과 사회는 남자와 여자와의 관계는 물론 삶의 모든 분야에서도 무함마드가 보여준 삶의 본을 정확하게 따르며 살려고 노력했다. 심지어는 집에서조차도 나의 어머니는 몸을 가리고 계셨다. 내 나이가 자그마치 12살이 다 지나갈 무렵에서야 나는 어머니의 머리카락을 처음 볼 수 있었다. 침실에서 나오실 때는 하루도 빠짐없이 머리카락이 가려져 있었다. 도대체 이 세상의 어떤 시스템이 어린 자식이 제어머니의 머리카락조차도 볼 수 없게 만든단 말인가!

현대 역사에서 가장 뛰어난 이슬람 학자의 한 사람인 사이드 라마단 알 부티(Sayyid Ramadan al Bhuti) 박사는 몸을 가려야 하는 뚜렷한 이유 두 가지를 말하였는데 이는 첫째, 여성을 남성으로부터 보호하기 위한 것이고[1]

둘째, 남성을 여성으로부터 보호하기 위한 것이라고 했다. 어떻

---

1. Muhammad Sayyid Ramadan al-Bhuti, *For Every Muslim Girl Who Believes in Allah and the Last Day* (Cairo, Egypt: Al-Azhar Student Society, 1982) 98. Dr. al-Bhuti is a professor at the Islamic university in Medina and one of the most famous scholars and writers of our modern history. His status is similar to that of Dr. Yusef Qaradawi.

게 몸을 가리는 것만으로 이런 효과를 얻을 수 있을까? 몸을 가림으로써 여자의 매력을 볼품없이 만들어 남자로부터의 습격을 예방한다는 것이다. 다른 측면에서 보면 여자를 덜 매력적으로 보이게 함으로써 남자가 여자로 인하여 죄를 짓는 것을 예방한다는 것이다.

그러나 근본적인 의미는 여자들은 남자를 유혹하여 죄를 짓게 만드는 존재이므로 가려야 한다는 것이다. 여자가 몸을 가리게 하는 행위는 남자에게 내재해 있는 문제를 해결하려는 것이 목적이지 여자의 문제를 해결하려는 것이 아니다.

이런 논리는 여자가 몸을 가려야 한다고 꾸란에서도 명백하게 말하고 있다.

오, 메신저여! 너의 아내와 딸들 그리고 믿는 여자들에게 말하여 (외출할 때에는) 그들의 겉옷을 내려뜨려 온 몸을 감싸 가리게 할지니 이는 이것이 가장 편리하기 때문이며, 여자들이 그러한 모습만을 밖으로 나타내 보임으로써 스스로 욕을 당하지 않게 하려 함이니라. 그리고 알라는 많이 용서하시며 가장 자비로우신 분이니라.”
- 꾸란 33:59, 알리 역

달리 말하면 여자들이 ‘욕을 당하지 않으려면 몸을 가리라’ 는 것이다.

오스트레일리아 시드니에 있는 한 사원의 이맘은 설교 중에 왜 여자가 강간을 당하거나 성적인 공격을 당하면 언제나 남자를 비난하는지 모르겠다고 의문을 제기한 적이 있다. 그의 말은 이러했다.

옷을 아예 벗고 다니거나 옷을 짧게 입고 다니거나 꼬리를 치고 분칠로 화장을 하며 거리를 활보하는 것은 바로 여자들이 아닌가! 오, 알라여! 우리를 시험하는 자들의 손에서 보호하소서! 그러나 이런 참담한 사건이 발생한 경우 도대체 이것을 유발시킨 장본인은 누구인가? 여자가 자기의 살을 드러내지만 않았어도 고양이가 그것을 먹으려고 잡아채지는 않았을 것 아닌가!"[2]

이런 망발은 오스트레일리아 사회에 커다란 반발을 불러 일으켰다. 총리가 나서서 이들을 비난하였으며 이슬람 사회는 그 사람에게서 사원의 이맘 직을 박탈했다. 오스트레일리아 정부와 무슬림들이 여성에 대한 이러한 사악한 태도를 못 본 체하지 않은 것에 대하여 나는 자부심을 느낀다.

몸을 가리는 방법

꾸란은 여자가 몸을 가려야만 한다고 말하고 있기 때문에 어느 정도나 가려야 하는지도 결정해야 할 것이다. 꾸란은 여기에 대하여 일반적인 설명만하고 있으며 상세한 내용을 표시하지 않고 있다. 예를 들면

그리고 여인은 시선을 아래로 향할 것이며 겸손함이 몸에 배게 하라고 이를 지니라. 이는 (여성이) 일상적으로 반드시 지녀야 할 물건을 제외하고는 그들의 아름다움과 장식을 뽐내지 말며 그들의 의상을 가슴까지 내려뜨려서 자기들의 아름다움을 드러내지 않게 하려하느라.
　　　　　　　　　　　　　　　　　　　　　　　- 꾸란 24:31, 알리 역

그러나 하디스를 보면 더 상세한 지침이 보이는데 이는 이슬람 율법의 네 학파가 해석한 것이다. 율법에 관한 두 학파인 말리크(Malik)와 아비 하니파(Abi Hanifa)는 여성이 얼굴을 가리지 않아도 된

2. Richard Kerbaj, *"Mufti Outrages Muslims Over Sex Comments,"* The Australian October 27, 2006, http://www.theaustralian.news.com.auf story/O 20 8 67, 20652759-601,00,html (accessed June 11,2007).

다고 허용하는 입장이지만 화장을 하거나 장신구를 사용해서는 안 된다고 말한다. 부티 박사의 저서에 의하면

여성의 손과 얼굴을 제외한 모든 신체 부위는 특정한 방법에 따라서 가려야 한다는 데에 무슬림 학자들이 합의했다. 여자의 손과 얼굴은 자연 그대로의 정상적인 상태이어야 하며 화장이나 장신구는 허용되지 않는다.[3]

소위 한발(Hanbal)파라 부르는 율법주의적 학파를 신봉하는 무슬림과 샤피이(Shafii)파를 신봉하는 몇몇 사람들은 여성은 얼굴, 머리카락, 손 등까지도 다시 말하면 모든 신체부위를 가려야 한다고 주장한다.[4]

결국 여러분이 어느 이슬람 국가를 방문할 경우 여러분은 어느 거리에서는 얼굴과 손을 제외한 모든 곳에 히잡을 둘러 몸을 가리고 다니는 여성과 또 다른 거리에서는 손과 얼굴은 물론 모든 신체를 히잡으로 감추고 다니는 바람에 머리에 두른 덮개의 가는 틈 사이를 통하여 겨우 눈동자만 볼 수 있는 여성들을 만나게 될 것이다.

그러나 현대의 무슬림 여성들은 히잡의 착용을 거부할 수도 있을지 모른다. 만약 그녀의 남편이 보수적이면 아내의 이런 행동에 대하여 심히 염려할 것이다. 그는 이렇게 생각할지도 모른다. "내가 알기로는 무함마드는 여인이 집을 떠날 때 히잡을 두르지 않으면 그녀가 집으로 돌아올 때까지 천사가 그녀를 저주할 것이라고 말했고 또한 내가 알기로는 무함마드가 말하기를 '나는 밤의 여행을 거행하는 과정에서 많은 여인들이 알라에게 복종하기를 거부하였기 때

---

3. Muhammad Sayyid Ramadan al-Bhuti, For Every Muslim Girl Who Believes in Allah and the Last Day, 43.
4. Ibid., 45

문에 지옥 불에 떨어져 있는 것을 보았노라' 라고 말했다. 그런데 아내가 히잡을 착용하지 않고 알라와 이슬람의 율법에 복종하지 않다니! 참으로 걱정이 되는구나 라고 말이다.

그에게 만약 현대적 감각을 가진 개방적인 친구가 있다면, "그녀는 하루에 다섯 번 기도하는가? 그녀는 라마단 기간에 금식하는가? 만일 그녀가 당신과 알라에게 사랑스럽고 친절하며 복종하거든 그냥 놔두고 지켜보게나. 어쩌면 알라가 그녀의 눈을 밝히셔서 그녀가 히잡을 두르는 일이 참으로 중요하다는 것을 깨닫게 해주시지 않겠는가?" 라고 말할 수 있을 것이다.

그러나 친구가 정말 헌신적 무슬림이라면 그 친구는 이렇게 말할 것이다. "알고나 있는가? 이러한 행동이야말로 알라에 대한 분명한 반항 행위이며 배교 행위의 증거임에 틀림없네. 이는 자기의 평생을 통하여서 행하여야 할 이슬람의 실천 율법에 역행하는 것이네. 그녀는 어느 것은 믿지만 어느 것은 믿지 않고 있는 것이 틀림없네(꾸란 4 : 150 ~ 151 참조). 꾸란은 이런 문제에 대해 아주 분명하지 않은가? 자네는 자네 아내가 다음 중 하나를 선택하도록 강요함으로써 위협을 가하게. 히잡을 착용하든가 아니면 이혼을 택하라고 말일세."

여행의 제한

이슬람 율법에 의하면 무슬림 아내는 남편의 허락이 없이는 집밖으로 나설 수 없다. 무슬림 국가의 사람들은 언제나 무함마드의 다음과 같은 말을 인용한다. "만일 아내가 남편의 허락이 없이 집밖을 나서면 알라의 천사가 그녀가 귀가할 때까지 그녀를 저주할 것이다." 여자는 자기의 보호자 즉 두 마흐람(dhu mahram)이 없이는 자기 나라를 떠날 수 없다. 두 마흐람은 일반적으로 자기의 남편이나 남자 형제 또는 아버지가 된다.

무함마드가 말하였노라. 여인은 두 마흐람이 없이는 여행을 떠날 수 없나니 두 마흐람은 여인의 남편이나 그 여인이 이슬람 율법에 따라서 도저히 결혼할 수 없는 그런 남자이어야 하며 두 마흐람이 없을 때는 어느 누구도 혼자 있는 여인을 방문할 수 없노라.[5]

무함마드가 이 말을 하자 무슬림 남자들은 손을 들고 그렇다면 좀 특별한 경우에는 어떻게 해야 하는가라고 그에게 물었다. 그는 계속 말한다. 한 남자가 군대에 입대해서 전장에 나가기로 계획했는데 그의 아내가 하지를 떠나고 싶다고 한다. 다시 말해 혼자서 메카나 메디나로 떠나고 싶어 한다는 것이다. 무함마드는 그 남자에게 대답했다. "너의 아내와 함께 하지를 떠날지니라."

이슬람의 학자들은 무함마드가 그 여인이 두 마흐람이 없이 하지에 나서는 것을 원하지 않았다면 그 여인은 당연히 두 마흐람이 없이는 국외로 여행할 수 없다고 말한다.

또 다른 하디스에는 다음과 같은 것이 있다. "어느 여인도 자기의 남편이나 두 마흐람이 없이 이틀 이상의 여행을 떠날 수 없다."[6] 이와 같이 여성의 여행은 율법에 따라서 노골적으로 제한 받고 있다.

가정방문의 제한

또한 이슬람 율법에 의하면 결혼 적령기의 여인은 남자와 단 둘

---

5. Sahih Bukhari, vol. 3, bk. 29, no. 85, narrated by Ibn 'Abbas,
http://www.usc.edu/dept/MSA/fundamentals/hadithsunnah/bukhari/029.sbt.html
(accessed June 11, 2007).
6. Ibid., vol. 3, bk. 29, no. 87, narrated by Qaza' a,
http://www.use.edu/dept/MSA/fundamentals/hadithsunnah/bukhari/02 9.sbt.html
(accessed June 11, 2007).

이서만 같이 있어서는 안 된다.

그는 메신저가 하는 말을 들었노라. "남자가 여인과 홀로 있는 것은 허용되지 않노라." [7]

만일 내가 결혼한 상황이라면 내 아내가 집에 홀로 있을 때는 내 남자 형제들은 내 집을 방문할 수 없다. 이것은 만일 내 아내가 나와 결혼하지 않았더라면 내 동생과 결혼하는 것이 가능하기 때문이다. 그렇지만 나의 아버지는 내 아내를 방문할 수 있는데, 이는 설령 내가 그녀와 이혼을 한다고 해도 그 여자는 나의 전처이었으므로 내 아버지는 그녀와 결혼할 수 없기 때문이다. 다른 관계에 대한 규정도 꾸란 4장 '여성' 장에 상세히 기록되어 있다.

만약 내 아내가 예를 들어 여동생이나 여자 친구 등 누군가와 같이 있다면 내 남동생과 같은 남자를 집안으로 들여도 무방하다. 요점은 남자와 여자가 홀로 함께 있는 것을 허용하지 않는다는 점이다.

위의 규정은 집뿐만 아니라 자동차 등 다른 장소에도 적용된다. 나는 이 규정과 관련되어 발생한 슬픈 이야기를 BBC 아랍어 뉴스 웹사이트에서 읽어 보았다. 이 이야기는 사우디아라비아에서 강간당한 한 19세 여인과의 인터뷰 기사였다.

그 여인은 혼인한 여성으로서 일 년전 결혼 생활을 벗어나 다른 사람과

---

7. Ibid., vol. 4, bk. 52, no. 250, narrated by Ibn Abbas,
http://www.usc.edu/dept/MSA/fundamentals/hadithsunnah/bukhari/052.sbt.html
(accessed June 11, 2007).

관계를 가진 사실을 자기 가족에게 폭로하겠다고 위협하며 만나자는 이메일을 받았다고 말했다. 다른 사람과 관계를 맺는 일은 극도로 보수적인 이 나라에서는 물론 불법이다.

그녀의 집 근처에 있던 쇼핑몰에서 만나 함께 차를 타고 얼마를 달린 후 그 남녀는 멈추어 섰다. 그러자 부엌칼을 겨누고 위협하는 일단의 남자들이 나타나 한 농장으로 그녀를 납치한 후 그곳에서 열네 번에 걸쳐 강간을 했다. 다섯 명의 남자가 강간범으로 체포되어 5개월에서 5년까지의 금고형을 선고받았다.[8]

강간의 희생물이 된 이 소녀도 형을 언도 받았는데 법정은 그녀에게 아흔 대의 채찍질을 가하는 태형을 언도했다. 그들은 왜 그렇게 하였는가? 그 소녀가 자기 가족을 아무도 대동하지 않은 채 차 안에서 남자와 홀로 있었다는 것이 그 벌의 이유였다. 그 소녀는 이슬람 율법을 어긴 것이었다.

그녀에게 닥친 이 저주스런 불행으로 인하여 그녀는 자살을 기도했다. 그녀의 어린 남동생은 그녀가 강간을 당함으로써 가문을 더럽혔다는 이유로 매질을 가했다. 이 소녀는 이슬람 율법의 제물이었다.

여자는 지도자가 될 수 없다.

이슬람 시스템에서는 여자는 사회에서 지도자의 역할을 맡을 수 없다. 무함마드는 하디스에서 말했다.

여자를 통치자로 세우는 나라는 결코 성공할 수 없을지니라.[9]

8. Agence France-Presse, "Saudi Gang-Rape Victim Faces 90 Lashes" March 5, 2007, as quoted by Kaleej Times Online, http://www.khaleejtimes.com/DisplayArticleNew.asp?section=middleeast&x file=data/ m iddleeastl2 007/march/ middleeast_march71.xml (accessed June 11, 2007).

이집트에서 인권을 위하여 투쟁하고 있는 여성들이 이 하디스에 관하여 커다란 논쟁을 불러일으킨 적이 있다. 이들의 주장은 하디스가 옳지 않거나 적절하지 못하다는 것이다. 그들의 요청은 유세프 카라다위(*Yusef Qaradawi*) 박사가 법적인 의견을 내놓자 역풍을 맞았다.

이미 언급했듯이 카라다위 박사는 현대 수니파 학자 가운데서는 최고의 권위에 서 있는 사람이며 세계무슬림협회(Worldwide Muslim Society of Scholars)의 회장이다. 그의 웹사이트인 www.qaradawi.net에서 그는 권위를 인정받은 한 이슬람 학자로서 자기의 율법적 견해를 피력했다. 카라다위 박사가 알 아즈하르 대학의 교수이었을 때에 나는 그의 강좌를 몇 번 들은 경험이 있다. 카라다위 박사가 하디스에 관하여 내린 율법적인 해석은 참으로 중대한 사건이었다. 그는 이렇게 썼다.

하디스는 전적으로 옳으며 무함마드 사후 그의 첫 계승자였던 아부 바크르에 의하여 알려졌다. 무함마드는 페르시아(지금의 이란)의 국민들이 조국의 통치권을 전 왕의 딸에게 물려주어 그녀가 페르시아의 여왕이 되었다는 말을 들었을 때부터라고 이 하디스에서는 말한다.

그리하여 카라다위 박사는 전통의 편에 섰으며 알라가 진실로 여성이 지도자가 되는 것을 반대한다고 선언했다.

---

9. Sahih Bukhari, vol. 9, bk. 88, no. 219, narrated by Abu Bakra,
http://www.usc.edu/dept/MSA/fundamentals/hadithsunnah/bukhari/088.sbt.html
(accessed June 11, 2007).

결론

이슬람의 교리는 모든 사람이 평등하게 창조되지 않았다는 것이다. 예를 들면 무슬림은 언제나 비 무슬림에 비하여 우수하며 남성은 여성에 비하여 언제나 우수하다. 이러한 생각을 바꾼다는 것은 꾸란의 해석을 바꾼다는 뜻이다.

미국의 자유에 관한 가장 근본적인 원리 중 하나는 반대할 수 있는 자유다. 토마스 제퍼슨은 그의 독립 선언서에서 다음과 같이 말하고 있다.

우리는 이 진리가 분명하다는 것을 믿는다. 즉 모든 사람은 평등하게 창조되었으며 창조주는 사람들에게 보편적 권리(원문에는 "일체의 우선권이 인정되지 않는 권리" 라고 작성되어 있음 : 역자 주)를 부여하셨는데 그 가운데 삶과 자유와 행복을 추구할 수 있는 권리가 들어 있다.

'모든 사람들은 평등하게 창조되었다.' 비록 이 말이 진정으로 실천에 옮겨지기까지는 무려 150년이라는 긴 세월이 흘러야 했지만 이 얼마나 강력한 선언인가! 1870년이 되어 열다섯 번째 헌법 개정이 의결된 이후에야 비로소 해방된 노예들이 투표권을 가질 수 있었으며 1920년이 되어 열아홉 번째 헌법 개정이 이루어진 후에야 드디어 여성에게 투표권이 주어졌던 것이다.

그러나 내가 지적하고 싶은 점은 미국은 이러한 변화를 만들어내어 아무런 종교적인 율법을 해치지 아니하고도 "만민을 위한 자유와 정의"를 증진했다는 것이다. 이 나라는 문제를 드러내어 논쟁하며 문화를 바꿀 수 있는 자유를 가지고 있다. 무슬림 국가에서는 종교와 정치가 함께 혼재하여 있으므로 이러한 자유가 주어지지 못한다. 진정으로 발전이 이루어지기 위해서는 종교와 정치는 반드시 그 유착된 고리를 끊어야 한다.

　이 책의 다음 장에서는 이슬람 율법이 정치와 종교의 유착에 어떻게 영향을 주고 있는지를 극적으로 제시할 것이다. 여러분들은 아마 이슬람 율법과 서방 세계에서 집행되고 있는 법률 사이에 존재하는 차이를 알면 크게 놀랄 것이다.

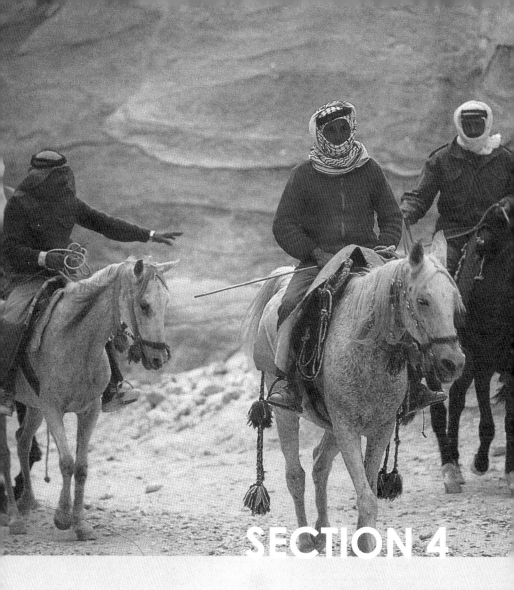

SECTION 4

이슬람과
서방의 문화 충돌

제13장
법률과 이슬람 법률의 7가지 충돌

　　이슬람 문화는 이슬람 율법에 의하여 하나하나 상세하게 규정이 되어 있기 때문에 그토록 강력한 틀을 갖출 수 있었다. 이 문화는 시간과 장소에 맞게 변화하고 적응하며 세대와 세대를 걸치며 전해져 내려오는 그런 종류의 전통과는 전혀 다르다. 이 문화는 먼 7세기 무렵에 형성되었으나 전혀 변형되지 않은 채 아직도 원형을 그대로 유지하고 있는 율법이다.

　　만약 여러분이 이집트에 살고 있는 무슬림에게 "당신은 현재의 이슬람 국가 체제를 원하십니까 아니면 중도적인 또는 개방적인 국가를 원하십니까?" 라고 물으면 적어도 80퍼센트 이상이 이슬람 율법이 지배하는 현재의 이슬람 국가가 더 좋다. 라고 대답할 것이다. 그들은 이슬람을 일상생활에서 발생하는 모든 문제에 대한 해답으로 받아들인다. 그렇기 때문에 그들은 비록 조금의 자유는 상실하겠지만 기꺼이 이슬람의 지배를 받기에 동의한다.

그러므로 이제 질문하여야 할 사항은 '이슬람 율법이 도대체 어떤 것인가?' 그리고 '그것은 오늘날 서방세계에서 시행하고 있는 법률과 같은 것인가?' 이다.

이 장에서는 이슬람의 역사적 수도이자 이슬람의 율법인 샤리아 (Sharia)가 탄생한 메디나로 여러분을 안내할 것이다. 또한 메디나는 무함마드가 10년 이상을 살다가 죽은 곳이기도 하다. 우리는 말리크, 우마르, 아부 바크르를 찾아 그에게 샤리아가 여러 가지의 범죄를 어떻게 재판할 수 있는가를 물을 것이다.

그들의 대답을 들어가면서 그것을 서방 세계에서 적용되고 있는 법률과 비교할 것이다. 만약 이슬람이 서방 세계를 지배한다면 당신을 포함하여 다른 모든 사람들은 이 샤리아의 지배를 받으면서 살아야 할 것이다. 만약 그렇게 된다면 그것이 아름다운 모습이 될지 아니면 영원히 사라지기를 바라는 악몽이 될지는 여러분이 판단하여야 할 몫이다.

먼저 몇몇 샤리아 율법에 대한 기본적인 사항을 싣는다. 이슬람 율법에는 네 단계의 중요한 기본적 사고 과정이 존재한다. 그러나 한결같이 일치하는 점이 하나 있는데 그것은 곧 가장 높은 권위를 갖는 율법은 꾸란이라는 것이다. 그러므로

첫째, 꾸란에 실려 있는 판단은 어느 경우에도 이의 없이 받아들이는 것이 의무이며, 어떠한 근거로도 이를 무효화할 수 없다.

둘째, 꾸란에 언급되어 있지 않은 사항에 대해서는 무함마드의 언행록 즉 하디스에서 지침을 찾는다.

셋째, 무함마드의 언행록 즉 하디스에서 발견할 수 없는 분야는 이슬람의 역사에서 그 판단 근거를 찾는다.

넷째, 이슬람의 역사에서도 그 판단 근거를 찾을 수 없는 경우에

는 학자들이 모여서 논리적 사고 과정을 통하여 추론과 토론을 병행함으로써 단체로 결론을 얻는다. 이러한 절차를 이즈마(ijma' ah)라고 부르며 문자적으로는 "의견이 일치한 단체" 라는 뜻이다.

다음의 글에서는 꾸란에 근거한 기본적인 율법에 관해서만 다룰 예정이다. 이는 하디스의 해석에 늘 따르게 마련인 모호성을 피하기 위함이다. 본 장의 총체적인 이해를 위하여 아래의 표를 참조하기

범죄	설명	적용되는 꾸란	이슬람 형벌	미국의 형벌	상충되는 원리
반역	실제적 반역 또는 언어적 반역	꾸란 5 : 33	사형 또는 영구 추방	금고, 사형 (극히드분사례)	언론의 자유 (첫번째 개정)
배교	무슬림을 떠나기로 한 자	꾸란 4 : 88~89	3일의 회개 기간이 지난 후 회개하지 않는 경우 사형	없음	종교의 자유
간음	개인간의 섹스	꾸란 24 : 2	100대의 채찍 형	없음	잔인하고 비상식적인 형벌
	부부가 아닌 혼인한 자 간의 섹스	무슬림의 개정 법률 권 17 제 4206호	돌로 쳐 죽일 것		
알코올	음주 또는 향전신성 의약품 사용	꾸란 5 : 90~91 ; 2 : 219; 무슬림의 법률 권 17 제 4226호	80대의 채찍 형	없음 (미국의 금주법은 1920~1933 사이에 존재하였음)	잔인하고 비상식적인 형벌
절도	금액 불문한 절도, 심지어는 1/4디나르 (Dinar)까지도 포함	꾸란 5 : 38	오른 손목 절단	금고, 손해액 보상	잔인하고 비상식적인 형벌
중상 모략	거짓을 말하여 타인을 해침	꾸란 24 : 13	80대의 채찍 형	위자료로 산정하여 벌금형	잔인하고 비상식적인 형벌
살인	타인을 살해함	꾸란 2: 178	목숨은 목숨으로 갚는다. 단, 무슬림이 비 무슬림, 여인, 노예를 살해하였을 때에는 사형시킬 수 없음	금고, 사형	모든 사람은 평등하게 창조되었다.

바란다. 이 표에는 핵심 법률(율법)과 법률(율법)의 중요한 요소가 들어 있다.

무슬림 지도자에 대한 반역(반역죄)

본질적 충돌 – 언론의 자유, 반역죄의 정의

이슬람 율법에서 반역이라는 말은 광범위한 의미를 가진다. 반역이란 아미르(amir : 이슬람의 지도자)에 대한 행위적 반역 또는 언어 의미적 반역을 모두 의미한다. 다른 말로 표현하면 반역이란 군대를 소집하여 전쟁을 선포하는 것과 같이 드라마틱한 것에서부터 아미르를 향하여 던지는 비판의 말과 같은 애매한 것까지 다 포함된다는 뜻이다. 반역은 이슬람세계에서는 가장 무거운 죄에 속한다.

이 죄에 대한 처벌은 꾸란에 생생하게 묘사되어 있다.

모든 땅덩어리 안에서 알라와 그의 메신저에게 전쟁을 선포하고 전력을 다하여 투쟁하는 자들에게 내릴 형벌은 사형 또는 십자가형 또는 손과 발을 번갈아 가며 절단하거나, 나라로부터의 추방이 될 것이니 이는 그들의 불명예가 되어 전 세계에 널리 알려질 것이며 사후 세계에서도 무거운 형벌이 그들에게 내려질 것이니라.
– 꾸란 5:33, 알리 역

무함마드는 물리적인 소요나 구두로 행한 공격 또는 시(詩)를 쓰거나 또는 설교를 통해 자기를 추종하지 말도록 교사하는 자들에게도 동일한 형벌을 가했다.

무함마드는 실제적인 모반보다는 구두로 행하는 반역을 더욱 경계했다. 알 아쓰마(al Assmah)라는 한 여성이 주도한 반역 사건이 있었는데 그녀는 무함마드와 그의 계시에 반대하는 시를 썼다. 무함마드가 그 메시지에 담겨있는 위협적 요소를 발견했을 때 그는 그녀가 너무도 두려운 나머지 어느 날 자기의 한 친구를 불러"누가 아쓰마에게 가리요?" 라고 말했다. 달리 말하면 "누가 가서 그녀를 살해하겠는가?" 라는 뜻으로 말한 것이다.

몇몇의 그의 친구가 무함마드의 부름에 응하여 그의 판결을 집행하였는데 무기를 소지하였다거나 또 지하 저항 운동을 주도한 적도 없는 한 여성을 암살했던 것이다. 그녀가 한 일이라고는 말을 하고 고작해야 시를 써서 발표한 것뿐이었다.

이 여성보다는 다소 덜 위험하였지만 역시 무함마드에게 위험한 시를 쓴 또 다른 예가 하나 있다. 이 남자는 유대인으로서 그 이름이 카아브 이븐 알 아쉬라프(Ka'ab ibn al Ashraf)였다. 무함마드는 역시 일단의 자기 친구들에게 "누가 카아브 이븐 알 아쉬라프를 죽일 수 있을까? 그는 위대하신 알라와 그의 메신저인 무함마드를 모욕하였노라." 라고 말했다.

이름이 무함마드 이븐 마슬라마(Muhammad ibn Maslama)라는 사람이 자진하여 이 일을 행했다. 그가 이 암살을 저지른 방식에 관하여는 재미있는 일화가 전해진다. 돈이 좀 필요한 것으로 가장한 마슬라마는 알 아쉬라프에게 돈을 빌려달라고 요청했다. 이 시인은 마슬라마가 무기를 담보로 잡히면 돈을 빌려주겠노라고 대답했다.

다음날 밤에 마슬라마는 공범자를 대동하고 나타났다. 그 공범자는 그 시인에게 말했다.

"당신에게서는 참으로 좋은 향내가 나는군요."

그러자 그 시인은 대답했다.

"그렇소. 내게는 전 아라비아의 여인들 중에서 가장 아름다운 언행을 지닌 여성이 함께 살고 있다오."

"당신의 머리에서 그 냄새를 좀 맡아보아도 괜찮겠습니까?" 라고 마슬라마가 말했다.

"좋소." 라고 아쉬라프는 허락했다. 그러자 마슬라마는 그의 머리에 손을 얹고 냄새를 맡았다. 그러면서 그는 "한 번만 더 맡아 보겠소." 라고 말했다.

그 말과 함께 그는 시인의 머리를 힘차게 움켜잡더니 자기 동료에게 소리쳤다.

"네 마땅히 행할 바를 행하라." 이렇게 하여 그 시인은 살해되었다.[1]

무함마드는 다음과 같이 말함으로써 자기의 살인 행위를 정당화했다. "만약 그(시인)가 다른 사람들과 마찬가지로 자기의 생각을 마음속에 간직한 채 조용히만 있었더라면, 죽음은 면했을 것이다. 그는 시로써 우리를 위협하였으니, 너희 중 누구라도 그러한 일을 행하는 자는 칼을 받기에 합당할 것이니라."[2]

이 여인과 남자는 자기가 믿는 것을 마음에 감추고 살지 않았으며 더 나아가서 다른 사람에게도 자기의 의견을 알리려고 애썼다. 이것이 곧 무함마드가 그들을 알라에 대항하는 자로 간주한 빌미가 되었으며 그들을 향하여 죽음의 심판을 내린 것이다.

이 이야기들은 무슬림들에게 전혀 알려진 적이 없는 감추어진 이야기가 아니라 금요일 기도회에서 공공연하게 설교로 듣는 널리 알려진 이

---

1. See Sahih Muslim, bk. 19, no. 4436. This story is contained in chapter 41 of Sahih Muslim, which is titled "The Murder of Ka'b b. Ashraf," which translates "The Evil Genius of the Jews."
2. Abdul Salam Far, "Deception of the Infidels Is an Art of War," in The Abandoned Duty, quoted in Rifaat Sayed Ahmed, The Armed Prophet.

야기이다. 모든 사람들이 살인이 이루어진 세세한 방법까지 모두 다 기억할 수는 없다고 하더라도 거의 모든 사람들이 다 이 이야기를 알고 있으리라는 것만은 분명하다.

만평 논쟁

무슬림 사회는 이슬람을 비판 하는 것으로 보이는 것들에 대해서는 상상을 초월할 정도로 민감하다. 2005년 9월 30일 한 덴마크 신문이 무함마드를 비판하는 일련의 만화를 게재한 적이 있었다. 예를 들면 한 만화에는 무함마드가 터번 대신에 심지에 불이 붙어있는 폭탄을 머리에 얹고 있었다. 이에 무슬림 사회가 발칵 뒤집혔고 덴마크 상품에 대한 불매 운동을 벌였으며 폭동이 일어나 수 십 명의 인명이 죽었다. 또한 그 신문의 발행인과 만화가를 죽이는 자에게는 포상하겠다고 현상금을 걸었다.

무함마드의 초상화에 대한 분노인가? 결코 아니다. 수니파의 교리에 따라 무함마드의 초상화를 만드는 것이 비록 금지되어 있기는 하지만, 서방 세계에는 이미 많은 종류의 무함마드에 관한 초상이 인쇄물로 출판되어 있고 이에 대해서는 아무런 저항도 없었다. 문제는 그 만화가 무함마드를 비판한 데 있었다.

무슬림 지도자들은 덴마크 정부를 향하여 이 문제에 대하여 사과하라고 요구했다. 물론 이 요구는 거부되었다. 나는 절대적으로 덴마크 정부를 지지한다. 내가 믿기에 덴마크 언론은 이슬람 율법이 아니라 오직 덴마크의 법률에 의해서만 책임을 물을 수 있다. 서방 세계에 거주하고 있는 무슬림들은 서방의 삶과 문화에 이슬람 율법을 적용할 수 없다. 서방의 무슬림들이 이슬람의 율법을 따르기를 원한다면 그들은 이슬람 국가로 돌아가서 그곳에서 이슬람 율법을 즐겨야 한다.

자유세계의 사람들은 이슬람과 가까워지기 위하여 자유를 포기해서는 안 된다.

서방 세계의 반역의 의미

이슬람 율법이 말하는 반역은 두 가지 측면에서 미국의 헌법과 배치된다. 첫째, 미국의 헌법은 반역죄를 대단히 특정적으로 정의하고 있다. 미 헌법 제3조 3항에는 다음과 같이 기술되어있다.

미합중국에 대한 반역죄는 오직 미합중국에 대하여 전쟁을 일으켰을 때 또는 적에게 동조하여 그들에게 원조를 제공하고 편리를 제공한 경우에 한한다. 또한 공공연한 행위를 입증할 두 증인의 증언이나 공개 법정에서 본인이 행한 자백에 의하지 아니하고는 어느 누구도 반역죄로 처벌받지 않는다.

정부를 비평했다고 해서 반역죄가 성립되지는 않는다. 반역죄란 국가를 상대로 전쟁을 일으키거나 이적 행위를 한 경우를 뜻한다. 서방 사회의 국민들은 정부를 언제라도 비판할 수 있다. 그리고 실제적으로도 그들은 이 자유를 적극적으로 누리고 있다.

둘째, 이슬람 율법은 "의회는 언론의 자유를 축소하는 어떠한 법률도 제정할 수 없다." 라고 규정하고 있는 미합중국 헌법의 첫 번째 개정내용과 배치된다. 정부는 "어떠한 법률도 제정할 수 없다." 이것이 언론의 자유를 보호하는 가장 최상의 보호방법인 것이다.

멀리 중동의 뜨거운 모래 위에서가 아니라 지금 여러분의 국가에서 이슬람의 샤리아가 시행되고 있다고 상상해보라. 대통령이 무슬림이고 여러분의 국가가 무슬림 국가라고 상상해보라. 언론이 대통령에 대해 비판하는 기사를 싣기 시작하고 다음 선거에서는 다른 정당의 인물에게 투표하라고 선동하고 있다고 상상해보라. 대통령과 그 당이 어떻게 반응할까?

이슬람의 율법에 의하면 이러한 사람들은 아미르에 대한 반역의 범주에 속한다. 그들이 받아야 할 형벌은 사형, 십자가형 또는 불구자가 되거나 추방이다 (꾸란 5:33 참조). 얼마나 많은 사람들이 이 범죄 때문에 죽어야만 할까?

배교

본질적 충돌 – 종교의 자유

이슬람 안에서의 배교란 이슬람을 떠나서 원래 자기가 믿던 종교로 돌아가거나 기타 다른 것을 믿으려는 행위이다. 이슬람에서는 이러한 범죄를 종교에 대한 배신으로 여기고 있으며 꾸란은 이러한 배교 행위에 대하여 가혹한 형벌을 가한다.

그들은 자기들이 믿지 않는 것처럼 너희도 믿지 않기를 갈망하며 너희가 (그들과) 동일한 수준에 들기를 원하느니라. 그러므로 그들이 알라의 도에 자기의 집을 세울 때까지는 그들과 친구가 되지 말지니 만일 그들이 다시 (적으로) 돌아서거든 그들을 발견하는 곳에서 붙잡아 죽일 것이요 그 가운데 속한 자들을 친구나 협력자로 받아들이지 말지니라.
　　　　　　　　　　　　　　　　　　　　　　　- 꾸란 4:89, 피크탈 역

본문에서도 나와 있듯이 이 구절에서 믿지 않는 자란 일단 이슬람을 받아들였다가 그 후에 돌아선 사람을 의미한다. 이 구절의 앞에서는 무슬림 사회를 향하여 배교자가 자기의 집을 떠나서 되돌아오기 전까지는 그를 친구로 삼지 말라고 말한다. 그리고 구절의 마지막에서는 만약 배교자가 이슬람으로 되돌아오는 것을 거설할 경우에는 "그들을 발견하는 즉시 잡아서 죽일 것이며 그들의 동료를 친구로 삼거나 협력자로 삼지 말라." 고 말한다.[3]

조금이라도 혼동이 발생하면 이슬람 학자들은 하디스를 참조한다. 무함마드는 말했다. 누구라도 이슬람 종교를 바꾸는 자는 죽일지니라.[4]

누구라도 이슬람을 배교한 사람은 오직 이슬람으로 되돌아와야만 살 수 있다. 첫째 무슬림 지도자가 먼저 회개하고 이슬람으로 돌아오라고 요구한다. 그 사람이 되돌아서면 그에게는 아무런 벌도 가하지 않지만, 거절하는 경우에는 그 후 세 번째 날 해가 지기 전에 그를 죽여야 한다.

배교자의 사후의 삶에 대해서는 꾸란에 의하면 아무런 논쟁도 필요 없이 알라가 배교자를 지옥으로 보낼 것이라고 말한다. 그곳에서 그들은 헤아릴 수 없이 많은 형벌을 받아야 하는데 그 상세한 내용은 아래와 같다.

피할 수 없는 형벌

(거부한 자들에게) 말하나니 "나의 구주는 그를 의지하지 않는 자로 인하여 마음 아파하지 않으리니, 오히려 너희가 (스스로 그를) 거부했기 때문이며, 결국 거기에

---

3. Someone who has their own copy of the Quran may continue reading in this chapter and say "Dr. Gabrielthe Quran says that if the apostates don't fight the Muslims then the Muslims shouldn't fight them. So maybe verse 89 only refers to killing apostates who fight Islam." My response is that Surah 4:90 only gives a small loophole of protection. Muhammad had entered into treaties with some groups who were not Muslim. If an apostate had belonged to one of those groups before he accepted Islam, he could return to them and the Muslims would not kill him as long as he did not violate the terms of that treaty. Here's how this principle would be applied today. Egypt and the United States have a friendly relationship or treaty. If an Egyptian Muslim converted to Christianity and moved to America, he would be protected by the treaty between Egypt and America., But if this convert did something to violate this treaty, then Muslims would be permitted to kill him. An example of a violation would be speaking publicly about his conversion.
4. Sahih Bukhari, vol. 9, bk. 84, no. 57, narrated by 'Ikrima
http://www. usc.edu/dept/MSA/fundamentals/hadithsunnah/bukhari/084.sbt.html
(accessed June 11, 2007).

걸맞은 피할 수 없는 것(형벌)이 올 것이니라!" - 꾸란 25: 77, 알리 역

사후 삶의 상실

그리고 이슬람 이외의 종교를 추구하는 자는 누구라도 그를 받아들이지 않을 것이요 이후에는 그는 잃어버린 자가 될지니라. - 꾸란 3:85, 샤키르 역

알라의 진노

알라의 믿음을 받아들인 후에 마음은 믿음을 간직하고 있지만 강제로 요구받는 경우를 제외하고, 불신앙을 말하는 자 즉 불신앙을 향하여 자기의 가슴을 열어 드러내 보인 모든 자에는 알라의 진노가 임할 것이며 무서운 처벌이 내려질 것이니라. - 꾸란 16:106, 알리 역

영원한 형벌

그러나 믿음을 받아들였으나 이를 거부하고, 그 후 오히려 믿음에 저항하는 자는 그들의 회개가 더 이상 받아들여지지 않을 것이니 이는 그들이 의도적으로 타락한 자가 되었음이니라. 믿음을 거부하고 죽기까지 거부한 자에 관해서는 비록 이 세상의 모든 금은보화를 용서의 대가로 바친다고 할지라도 받아들이지 않을 것이니라. 그러한 자들에게는 끊임없는 처벌이 (예비되어) 있으며 누구도 그를 돕지 않을 것이니라. - 꾸란 3:90-91, 알리 역

무슬림 학자들 사이에는 이슬람을 떠난 배교자에게 내리는 형벌에 대하여 약간의 논쟁이 있었다. 어떤 학자는 이렇게 말했다. "배교자가 오직 자기 혼자만 마음에 그 사실을 간직하고 있으며 무함마드와 그의 계시에 대항하는 말을 하지 않으면 감옥에 보내든지 추방하는 가벼운 벌을 내리는 것이 옳다. 그러나 그가 이슬람이나 그 메신저에 대하여 가증한 일을 말하면 그때에는 죽여야 한다."

다른 측면의 이슬람 학자에게는 자비의 여지가 전혀 없다. 이들에게는 배교자가 그 사실을 혼자만의 일로 마음에 간직하든 그렇지 않든 아무런 차이가 없다. 오로지 하나 사형만이 있을 뿐이다.

무슬림에게 배교한 아들이나 형제가 있는 경우에는 두 가지 이유 때문에 그를 죽여야 한다. 첫째, 배교는 이슬람 율법을 범한 행위이다.

둘째, 배교는 가족에게 불명예를 초래한다. 그러므로 배교자를 죽이는 것만이 가족의 명예를 회복하는 길이다. 이러한 살인을 "명예살인"(명예를 지키기 위한 살인: 역자 주)이라고 부른다. 간통의 경우에도 동일한 논리가 적용된다. 이 죄는 가족에게 불명예를 초래한 범죄이므로 가족이 먼저 이를 재판하여야 하며 그를 죽여서 가족의 명예를 회복하고 율법을 지켜야 한다.

무슬림 세계에서 가장 열악한 수준의 종교의 자유를 누리는 사람은 다름 아닌 바로 무슬림 자신이다. 만약 이슬람을 떠나려 한다면 스스로 자신의 목숨을 건 결정을 하여야 하기 때문이다. 만약 자신의 결정을 말로 뱉는다면 물론 자기의 목숨은 훨씬 더 위험해진다. 기독교인과 유대교인에게는 적어도 자신의 믿음을 지킬 것인가 아니면 이슬람 율법에 따라서 이슬람을 받아들일 것인가 결정할 수 있는 선택권이 주어져 있다. 그러나 무슬림에게는 아무런 선택권이 없다.

서방의 배교에 관한 법

내가 미국으로 영구 이주를 결정하기 이전의 일이다. 나는 매사추세츠 주 케임브리지 소재, 하버드 대학 인문학부의 방문 초청을 받은 적이 있었다. 내가 캠퍼스에 도착 했을 때 20대 후반쯤으로 보이는 한 백인 여성을 만났다. 나는 그녀에게 물었다.

"인문대학이 어디입니까?"

그녀는 "그곳에 가는 중이니 저를 따라오세요." 라고 대답했는데,

매우 친절하고 사랑스러워 보였다. 나는 감사한 마음으로 그녀와 함께 걸었다. 그리고 질문을 했다.

"이 학교에서 연구 중이신가요 아니면 학생이신가요?" 그녀는 대답했다.

"저는 불교에 대한 석사 과정을 공부하고 있어요." 나는 다시 물었다.

"당신은 포교자가 되어 아시아의 불교 신도들에게 기독교를 선교하기 위하여 불교를 연구하고 있습니까?" 그녀는 내가 아주 별스럽다는 듯 쳐다보더니

"무슨 말씀이신가요?" 하고 묻는 것이다. 나는

"당신은 불교 신도들에게 포교하기 위하여 불교를 공부하는 기독교인이 아닌가요?" 라고 되물었다. 그녀는 대답했다.

"저는 기독교인이 아니라 불교 신도랍니다."

그녀의 대답에 나는 깜짝 놀라 잠시 말을 잇지 못했다. 그리고 지금 무슨 말을 해야 하나 하고 다시 생각해 보았다. 잠시 용기를 내서 다시 물었다. "저, 그러니까 학생에게 실례를 범했다면 용서하십시오. 나는 내 생의 대부분을 중동에서 살았습니다. 그리고 내가 아는 것 이라고는 불교신도는 아시아에나 살고 있지 미국에는 없다는 걸로 알고 있었습니다. 그런데 당신은 아시아인은 아닌 것 같군요."

그녀는 미소를 지으면서 말했다. "물론 아니지요. 저는 분명 미국인 입니다. 그렇지만 저는 불교신도이고 제 아버지는 교회의 목사님이예요. 또 제 가족은 모두 기독교인이지요.?" 이 사랑스럽게 생긴 미국의 아가씨는 자기가 말하고 있는 것에 대하여 행복한 듯 보였다. 그녀는 분명 자기의 결정에 대하여 가족이나 사회로부터 아무런 불편함을 당하고 있지 않은 듯했다.

이 순간이야말로 내가 서방에서 누릴 수 있는 종교의 자유란 무엇인가에 대하여 배우는 지극히 감명 깊은 순간이었다. 그 아가씨와의 대화를 끝내기에 앞서서 나는 말했다. "당신은 아세요? 지금 아가씨가 제게 말해준 그 모든 것들이 내게 서방인이 된다는 것과 그 자유의 땅에서 사는 삶이 무슨 의미를 가지는지 알게 해주었다는 것을 말입니다. 만약 아가씨가 이집트에서 나의 여동생이었는데 이슬람을 떠나려고 했다면 설사 불교신도가 되려는 생각을 가지고 있지 않았더라도 아가씨의 아버지나 형제들이 다른 누구보다도 먼저 아가씨를 죽이려고 덤벼들었을 것입니다. 약 2년 전 이집트에서 나도 아가씨가 한 것처럼 우리 가족이 믿는 종교와 다른 종교를 선택했지요. 그 결과 나는 나의 가족, 나의 직업, 나의 조국 등 모든 것을 잃어버렸답니다. 나는 30년이 넘는 나의 삶을 송두리째 잃어버렸습니다. 심지어는 미국에 살고 있는 나의 목에도 배교에 대한 복수의 칼이 저를 겨냥하고 있답니다. 내가 어느 곳을 가든지 나는 누군가에게 잡혀 알라의 명예를 위하여 살해될 수 있습니다."

그녀는 나의 이야기에 감명을 받은 듯했다. 이제 그녀는 이제껏 느껴보지 못한 새로운 자긍심으로 자기의 조국을 바라볼 것이다.

미국의 종교의 자유는 미합중국 헌법의 첫 개장 내용에서부터 비롯된다. 미 헌법은 다음과 같이 규정하고 있다. "의회는 일체의 종교의 자유를 축소하는 법을 제정할 수 없다." 다시 한 번 상상해보라. 만약 이슬람의 율법이 미국을 다스리고 있다면 배교에 관한 율법은 종교의 자유를 박탈하여 갔을 것이다.

배교 죄와 그 처벌로 인한 비극은 비록 나 혼자만의 비극이 아니다. 이것은 이 세계 수백만의 무슬림이 안고 있는 비극이다.

간통

본질적 충돌 – 잔인하고 비상식적인 형벌
간통죄는 두 가지 상황으로 나누어 생각할 수 있다.

- 미혼 남녀의 성관계
- 서로 부부가 아닌 혼인 남녀의 성관계

미혼 남녀의 성관계
미혼 커플에 대한 꾸란의 말은 이렇다.

간통 또는 간음의 죄를 범한 남녀는 각기 1백대의 채찍질에 처하리니 너가 만약 알라와 심판의 날을 믿을진대 알라가 해결하신 문제를 놓고 그들에게 결코 동정심을 보이지 말아야 할 것이니라. 또한 믿는 자들로 이 형벌에 대한 증인이 되게 할지니라.

- 꾸란 24:2

이 구절이 뜻하는 바는 만약 남자나 여자가 부부가 아니며 간통의 현장에서 체포되었다면 채찍질 1백대를 각자에게 가해야 한다는 것이다. 채찍 형은 자비를 베풀지 말고 모든 사람이 보는 곳에서 공개적으로 집행하여야 한다.

서로 부부가 아닌 기혼 남녀의 성관계
이제 두 번째 경우의 간통에 관하여 살펴보자. 이 경우는 서로 배우자 관계가 아닌 사람들 사이에서 이루어지는 섹스에 관한 내용이다. 예를 들면 결혼한 여자가 총각과 섹스를 했다면 이는 두 번째 형태의 간통을 저질렀다고 할 것이다.

내가 학사 학위 과정을 밟으면서 수강한 꾸란 해석 강의에서는 이 범죄를 반이슬람적이라고 규정한 꾸란의 계시가 내려지게 된 역사적 배경을 공부했다. 무함마드 시절에 이미 이 형벌을 명확하게 규정하는 구절이 꾸란에 존재했다. 이 아랍어 구절을 우리말로 옮기면 대략 다음과 같다. "남자(알 쉐이크, Al sheikh) 또는(와, wa) 여자(알 쉐이크하, al sheik' ha)가 만일(이짜, izza) 간통을 저지르면 (제네예, ze' ne' yeh) 돌로치라(파르주무마, far' ju' mu' mah) 정상참작의 여지는 없다(알 베테, al be' te)." 정리하면 둘 모두를 돌로 치라. 이 구절의 의미는 "만약 결혼한 남자와 결혼한 여자가 간통을 저지르면 그들을 돌로 쳐 죽이라. 이에는 아무런 동정심도 가져서는 안 되느니라." 정도가 될 것이다.

그러나 이제는 꾸란에서 이 구절을 더 이상 찾아볼 수 없다. 왜냐하면 무함마드 사후 제3대 칼리프였던 우스만(Uthman) 시대에 이 구절을 꾸란에서 삭제하였기 때문이다. 이 우스만은 처음으로 꾸란을 단행본으로 합본하여 정경으로 발표하면서 다른 모든 사본을 불태워 버린 사람이다. 이러한 역사적 사실은 이슬람 역사학자인 이븐 카티르(ibn Kathir)(d. 1373)와 알 수유티(al Suyuti)(d. 1505)가 그의 역사서에 기록하여 놓음으로써 알려지게 되었다. 비록 우스만이 이 구절을 꾸란에서 삭제하기는 하였지만 이 형벌은 여러 이슬람 국가에서는 아직도 시행되고 있다. 왜냐하면 이러한 사례와 관련된 많은 내용들이 하디스에서 전해져 내려와 처벌의 지침이 되고 있기 때문이다.

하디스의 많은 내용들이 간통에 대한 처벌을 논하고 있으며 무함마드는 이러한 죄를 어떻게 해결하였는지 보여주고 있다. 가장 널리 알려진 것으로는 마크 줌(Makh zum)의 여인에 관한 이야기가 있는데 이 여성은 간통죄로 체포되었다.

한 여인이 알라의 메신저(알라가 그를 축복하시고 그에게 자비를 베푸시기를)에게 와서 자기는 간통죄를 저질렀으며 그로 인하여 임신을 하게 되었다고 말했다.

알라의 메신저(알라가 그를 축복하시고 그에게 자비를 베푸시기를)는 그녀에게 말했다.

"가서 아기를 낳아라. 그리고 낳은 후 찾아오라."

그녀는 아기를 출산하자 그에게로 다시 갔다. 알라의 메신저(알라가 그를 축복하시고 그에게 자비를 베푸시기를)는 그녀에게 말했다.

"가서 아기에게 젖을 먹이고 젖을 떼거든 다시 오라."

그녀가 젖을 떼었을 때 그녀는 다시 메신저에게 돌아왔다. 메신저는 말했다.

"가서 아이를 양육할 사람을 찾으라."

그녀가 아이의 양육을 남에게 맡기고 다시 메신저에게 왔다. 그러자 그는 여자를 돌로 처형하도록 명령했다.[5]

이 이야기의 다른 버전에서는 돌로 치는 과정을 매우 구체적으로 묘사한다. 무함마드의 무리는 도시 한 복판에 웅덩이를 파고 그녀를 그 웅덩이에 밀어 넣은 후 흙을 덮어서 머리만 밖으로 나오게 했다. 그리고 그들은 아이가 지켜보는 앞에서 그녀를 돌로 쳐서 죽였는데 그 과정에서 그녀에게 돌을 던지던 한 사람에게 그녀의 피가 튀자 그는 그녀를 큰소리로 저주했다. 이 말을 들은 무함마드는 말했다. "그녀를 저주하지 말지니라. 그녀는 하늘과 땅을 가득 채우리만큼 후회하였느니라."

여러분은 내가 과장하고 있다고 생각하는가? 여기에 비교적 정확하게 표현하고 있는 내용 중에서 사람에게 피가 튀는 모습을 나타내는 부분을 발췌하여 싣는다.

칼릿 왈리드(Khalid b. Walid)는 돌을 들고 앞으로 나아갔다. 그리고 그 돌을

---

5. Malik's Muwatta, bk. 41, no. 41.1.5, http://www.usc.edu/dept/MSA/fundamentals/hadithsunnah/muwatta/04I. mmt.html (accessed June 11, 2007).

그녀의 머리를 향하여 힘껏 던졌다. 순간 칼릿의 얼굴에 피가 튀었다. 그러자 그는 손으로 피를 문질러 닦았다. 알라의 메신저(알라가 그를 축복하시고 그에게 자비를 베푸시기를)는 그녀에게 쏟아내는 칼릿의 저주를 들었다. 이 저주를 듣자 그 성스러운 메신저는 칼릿에게 "칼릿아, 잠잠 하거라." 라고 말했다. 그 손 안에 나의 생명이 달려있는 그가 저 여자로 하여금 가장 사악한 세리(稅吏)라 하더라도 용서받았을 정도의 후회를 하도록 만드셨느니라. 그리고 그녀에 대한 최후 명령을 내리며 그녀를 위하여 기도했다. 그녀는 곧 땅에 묻혔다.[6]

서방인들에게는 그런 장면을 상상하기가 그리 쉽지는 않을 것이다. 그러나 기독교인들에게는 어쩌면 한 간통한 여인의 이야기가 떠오를지도 모른다.

종교지도자들이 간통한 현장에서 붙들린 한 여인을 예수에게 끌고 와서는 모세의 율법에 따라서 이 여자를 돌로 쳐 죽여야 한다고 주장했다. 예수는 잠시 말이 없었다. 잠시 후 대답했다.

"너희 중에 죄 없는 자가 먼저 돌로 치라." 그러자 그녀를 고발하던 모든 사람들이 조용히 떠났다. 이제 예수는 그 여자에게 말했다. "가서 다시는 죄를 범하지 말라 (요 8:3-11)."

나는 서방이 기독교를 국교로 삼지 않은 것을 다행으로 생각한다. 그럼에도 불구하고 서방인들의 문화에 '용서'와 같은 기독교의 좋은 문화가 어떻게 작용하고 있는가를 잘 알고 있다. 기독교에서도 간통은 죄로 간주하기는 같지만, 인간이란 언제나 완벽하기만 한 것

---

6. Sahih Muslim, bk. 17, no. 4206,
http://www.usc.edu/dept/MSA/fundamentals/hadithsunnah/muslim/O 17.smt.html
(accessed June 11, 2007).

은 아니라는 점을 인정하고 따라서 죄를 뉘우치는 자에게는 용서하는 과정이 있는 것이다. 사람들이 성스러워지려 노력해야 할 것은 틀림없는 일이지만, 이슬람의 믿음과 무슬림 사회는 죄를 너무도 슬픈 방법으로 다루고 있다.

서방의 간통에 관한 법률

이슬람 율법이 서방 사회를 다스리고 있다고 상상해 보자. 얼마나 많은 남녀가 이곳 저곳의 광장에서 벌을 받기 위해 줄을 서서 기다려야 하겠는가? 모르긴 몰라도 사법 기관은 간통죄를 저지른 많은 사람들을 처벌하여 이슬람 율법을 실현하느라고 하루하루를 분주하게 보내는 일 외에는 아무 것도 할 수 없을 것이다.

이슬람의 판결은 지나간 과거인 7세기의 판결에 사로잡혀 있다. 채찍질과 돌에 의한 처형방법은

"잔인하고 비상식적인 처벌을 선고할 수 없다" 라고 규정한 미 헌법 제8차 개정 헌법과 상충된다.

나는 서방 세계가 간통에 대한 샤리아 율법을 결코 받아드리지 않을 것이라고 확신한다.

알코올

본질적 충돌 – 잔인하고 비 상식적인 형벌

꾸란은 알코올의 사용을 금한다.

오, 너희 믿는 자들아! 알코올과 노름 그리고 돌(에 절하는 행위) 그리고 화살(점)은 가증한 것이니 곧 사탄의 작품이니라. 번성하기를 원할진대 그러한 (가증한) 일을 피하라. 사탄의 계획은 알코올과 노름으로 너희들 사이에 적대감과 증오심을 일으키려는 데에 있을 뿐이니 너희 자신을 알라의 기억과 기도에서 멀어

지배하려는 것이니라. 그런데도 삼가지 않으려는가?　　　- 꾸란 5:90~91, 알리 역

　　그들이 술과 노름을 청하거든 그들에게 말하라. "그곳에는 죄가 있으며 몇몇
사람에게는 이익도 있겠지만 죄가 이익보다 더 크니라."　　- 꾸란 2:219, 알리 역

　　알코올을 마신 행위에 대한 처벌은 꾸란에 나타나 있지 않지만
하디스에서 찾아보기는 어렵지 않다.

　　아나스 말리크(Anas b. Malik)라는 술 마신 자가 알라의 메신저(알라가 그를 축
복하시고 그에게 자비를 베푸시기를)에게 불려왔다. 그는 그 술 마신 남자에게 채찍
두 개로 40대를 때렸다. 아부 바크르도 그렇게 했다. 그러나 우마르가 칼리프
의 책임을 계승했을 때 그는 사람들과 이 문제에 대하여 상의했는데 압드 알
라만(Abd al Rahman)이 말했다. (알코올을 마신데 대한) 가장 가벼운 처벌은 채찍 80
대입니다. 그러자 우마르는 이 처벌을 공포했다.[7]

　　그리하여 술을 마신 알코올 양과는 무관하게 이슬람의 음주에 대
한 처벌은 80대의 채찍 형으로 정해졌다. 서방에서 알코올을 마시고
처벌을 받는 경우는 예를 들어 음주 운전이라든가 알코올을 마신 후
에 타인에게 해를 끼칠 우려가 있거나 끼친 경우로 한정된다.

　　이슬람 율법은 알코올을 마치 악마의 한 종류처럼 여기고 있으나
이 문제에 관한 한 커다란 모순도 가지고 있다. 무슬림들 현세의 삶
가운데서는 알코올이 금지되지만 사후에 천국에 가면 알코올은 매
력적인 삶의 주된 수단으로 변한다!

---

7. Ibid., bk. 17, no. 4226,
http://www.usc.edu/dept/MSA/fundamentals/hadithsunnah/muslim/017.smt.html
(accessed June 11, 2007).

다른 말로 하자면 선량한 무슬림이 샤리아 율법을 잘 준행하여 일생을 지나는 동안 알코올을 마시지 않으면 알라는 이 청년이 행한 갸륵한 희생을 인정하여 그에게 알코올의 강을 천국에서 보상으로 만들어 준다. 그에게는 그저 한 병 정도의 알코올이 선물로 주어지는 것이 아니라 그를 위해서 특별히 알라가 만든 알코올의 강이 통째로 주어진다는 것이다. 뿐만 아니라 알라는 그 강 언저리 곳곳에 수를 헤아릴 수 없이 많은 은 술잔을 만들어 놓는다. 그러나 그것이 끝이 아니다. 알라는 어린 종을 그에게 만들어 주어 이 잔을 사용하여 그 무슬림에게 술을 시중들도록 만들어 준다.

　무슬림은 심지어는 술을 따르도록 그 어린 종을 부를 필요도 없다. 술을 마시고 싶은 마음이 생겨나는 순간 그 어린 종은 잔을 들어 술을 채워서 그에게 가져오는 것이다. 그 어린 종은 무슬림의 마음을 읽어서 그를 섬기는 것이다. 이것이 우리가 알 아즈하르 대학에서 꾸란 해석학 시간에 배운 내용이다. 여기서 꾸란에 실려있는 해당 구절을 소개한다.

　진실로 말하나니, 아브라르(Avrar: 알라를 경외하며 악을 미워하는 경건한 자)는 카푸르(K?f?r)라고 부르는 천국의 샘에서 솟아나는 물을 섞은 술을 마실 것이요… 그리고 은으로 만든 배와 수정으로 만든 잔들이 그들 가운데를 지나다닐 것이며, 그리고 영원히 늙지 않는 어린 종이 그들 주변에 (섬기며) 있을 것이라. 너희가 그것들을 본다면 마치 흩어져 반짝이는 진주를 보는 것 같을 것이니라.[8]

- 꾸란 76:5, 15, 19, 무신 깐 역

미국의 알코올 금지

　나는 미국의 역사에서 연방 정부가 전국에 알코올을 불법화하여 금지했던 기간(1920~1933)이 있었다는 사실에 놀란 적이 있다. 물론 이

---

8. I was also taught that a Muslim's desire for food in paradise will be met in the same way. There will be many wonderful fruits and the air will be filled with beautiful birds. If a Muslim sees a bird and desires it for food, he will find immediately that the bird comes in front of him prepared to be eaten on a beautiful platter.

법을 위반하면 80대의 채찍을 맞지는 않았지만 벌금을 물거나 일정한 기간 동안 감옥살이를 했다. 이 법은 13년간 지속되다가 폐지되었다. 그러나 이슬람의 알코올 금지는 1천4백년도 넘게 지속되고 있다. 어떤 정부도 이 율법을 폐지할 수 없다. 변화는 종교 안에서 일어나야만 한다.

절도

본질적 충돌 – 잔인하고 비 상식적인 형벌

절도로 체포된 자는 이슬람 율법에 의하여 그 오른 손을 절단한다는 이야기를 많은 사람들은 들었을 것이다. 서방인들에게는 이런 이야기가 납득이 되지 않을 것이다. 그들은 '꾸란에서 다소 모호한 규정 하나를 놓고 원리주의자들이 자기 편의에 따라 좀 과격하게 해석한 것이다' 는 정도로 치부할 수 도 있다. 그들은 적어도 오늘 날에는 이런 종류의 야만적인 형벌이 집행되지는 않으리라고 짐작한다.

유감스럽지만 나는 이런 형벌이 꾸란에 명확하게 명시되어 있다는 이야기를 할 수 밖에 없으며 이 형벌은 이슬람 율법을 따르는 국가에서는 이직도 집행되고 있다. 나는 사우디아라비아에서 이 형이 집행되는 광경을 직접 목격했다. 어느 날 거리에서 수백 명의 사람들이 둥글게 둘러 서 있는 모습을 보았다. 가까이 다가가자 경찰이 방금 한 사람의 오른 손목을 절단한 상태였다. 그리고 나는 그의 팔에서 손이 떨어져 나간 채 매달려 있는 모습을 생생하게 보았다. 이 광경은 아직도 나의 마음에서 악몽처럼 되살아나곤 한다.

꾸란은 이렇게 말한다.

도적은 남녀를 불문하고 손을 자를지니 이 형벌은 그 죄에 대하여 알라가 보이신 모범이니라. 그리고 알라는 전지전능하시니라.　　　　－꾸란 5:38, 알리 역

도대체 어떤 정도의 절도가 이토록 잔인한 형벌을 받아야 하는 걸까? 이슬람 율법은 한 디나르(현재 1디나르는 약 미화 1달러 정도가 된다)의 사분의 일(1/4)만 훔쳐도 손을 절단하여야 한다고 말한다.

무함마드의 두 번째 부인이었던 아이샤는 말했다. "메신저 무함마드의 말에 의하면 도적의 손은 약 1/4 디나르라도 절단할 수 있다고 했다."[9]

대부분의 사람들은 손목을 절단하는 것으로 모든 형이 끝나는 것은 아니라는 점을 모른다. 이슬람 율법에 의하면 잘린 손목은 도적의 목에 밧줄로 묶어 걸고 손목을 절단하는 처형 장소에 참석하지 못한 사람들이 잘 볼 수 있도록 도시를 돌아다녀야 한다고 한다.

그는 "손목을 절단하고 그 잘린 손을 목에 두르는 것은 순나(Sunnah:)이다." 라고 말했다.[10]

내가 보기에 손목을 자르는 처형이야말로 너무도 잔인한 형벌이다. 이러한 처형은 죄를 범한 사람에게 도무지 회개할 수 있는 기회를 주지 않는 것이며 죄를 범한 사람이 회개한 후에 온전한 한 인간으로 사회에 복귀할 수 있는 기회를 영원히 박탈하고 있는 것이다. 그에게는 그가 과거에 저지른 실수에 대하여 지워지지 않는 낙인이 찍혀 있다. 나의 지식에 의하면 이슬람 이전의 아라비아 사회에는 손목을 자르는 것과 같은 형벌은 존재하지 않았다. 이것은 무함마드가 도입한 새로운 형벌인 것이다.

---

9. Sunan an-Nisai, vol. 4, no. 4928.
10. Ibid., vol. 4, no. 4992.

서방의 절도 죄

믿기 어렵겠지만 나는 대부분의 무슬림들이 절도에 관한 이슬람의 율법을 지지한다고 생각한다. 심지어는 미국에서조차도 "오케이, 법률이 몇 번만이라도 그렇게 강력하게 집행되면 아마 절도는 영원히 사라질지도 몰라" 라고 생각할 수 있다. 그렇지만 이들은 일단 이슬람 율법이 시행되는 즉시 양손이 성한 사람은 도무지 주변에서 찾아 볼 수 없을 것이라는 사실을 이해하지 못한 것이다. 그렇게 많은 회사 자금을 횡령한 뉴욕 금융가 엔론(Enron)사의 경영진들은 자기들의 손목이 절단되는 장면을 TV를 통해서 보아야 할 것이다.

중상모략

본질적 충돌 – 잔인하고 비 상식적인 형벌

꾸란에 의하면 중상모략에 대한 원칙적인 처벌은 80대의 채찍 형이다.

> 그리고 순결한 여인을 고발하였으나 증인 넷을 세우지 못한 자들에게는 80대의 채찍 형을 가할지니 (그 이후에는) 어떠한 증거도 받아들이지 말지니라. 그들은 진정으로 사악한 자들이니라.   - 꾸란 24:4, 피크탈 역

중상모략도 이슬람에서는 또 다른 중죄의 위치에 놓이는데 이 죄에 대한 처벌에는 그나마 다소 자비로움이 들어 있는 것을 알 수 있으며 특별히 간통죄의 처벌에 비한다면 특히 그렇다.

1. 누군가를 비방할 때에는 네 명의 증인에 의하여 증명해야 한다. 이는 간통을 증명하기 위한 증인의 수와 동일하다. 간통은 돌로 쳐 죽이는 형벌을 받게 된다는 점을 기억하라.
2. 재판관은 비방을 증명하는 증인을 임의로 거부할 수 있다. 그러나

간통의 증인은 재판관이 임의로 거부할 수 없다.

3. 비방을 받고 있는 사람은 회개할 수 있는 권리가 주어진다. 아울러 회개하면 처벌이 면제될 수 있다. 그러나 간통의 경우에는 회개 한다고 하여도 형의 집행이 면제되는 법은 없다.[11]

중상모략의 범죄에 대한 역사적 배경을 정확히 알기 위해서는 이슬람의 창시자인 무함마드가 살았던 시절로 되돌아가서 왜 그리고 어떻게 이런 행위로 다스렸는지를 알 필요가 있다.

이야기는 무함마드의 아내 아이샤(Aisha)로부터 시작된다. 아이샤는 무함마드 및 그의 추종자들과 함께 초기 습격의 시절부터 함께해 왔다. 습격을 마치고 돌아오는 과정에서 아이샤가 무슬림 병사와 간통을 저지른 것처럼 보이는 사건이 발생했다.

두 명의 증인이 아이샤를 고소하는 편에 섰다. 한 사람은 무함마드의 여러 아내들 중 한 사람인 힘나 빈트 자흐시(Himnah bint Jahshi)의 여동생이었으며 다른 한 사람은 우상숭배자들과 유대인들에 대항하여 이슬람을 지키는 시를 써서 무함마드의 총애를 받던 하산 이븐 타비드(Hassan ibn Thabid)라는 남자였다. 무함마드와 무슬림 사회는 무함마드가 이 상황을 어떻게 해결할지를 놓고 심사숙고 하는 수 주 동안 고민에 빠졌다.[12] 마침내 그는 계시를 받았으며 드디어 해답을 찾았음이 꾸란의 24:11 ~ 20에 기록되었다.

네 명의 증인을 데려오게 하라. 만약 증인을 세우지 못하면 그들은 알라 앞에서 위증하는 자들이니라.   - 꾸란 24:13, 샤키르 역

---

11. See Surah 24; and Sahih Bukhari, vol. 3, bk. 48, no. 829, narrated by ' 'Aisha
http://www.usc.edu/dept/MSA/fundamentals/hadithsunnah/bukhari/048 .sbt.html
(accessed June 11, 2007).
12. Ibn Kathir, *The Quran Commentary*, vol. 3, pt. 6, p. 21-22.

지브리일 천사로부터 받은 이 계시로 인해서 아이샤는 간통의 혐의를 벗었으며 아이샤를 고발한 자들은 거짓말쟁이가 되었다. 이리하여 아이샤는 돌로 쳐 죽임을 당할 상황에서 극적으로 구제되었다. 그러나 그 결과 무함마드의 지인과 그의 처제가 중상모략의 범죄를 저지른 것이 되었으며 80대의 채찍 형을 받아야 할 상황에 처했다. 그러나 다음과 같은 계시를 받음으로써 이 위험도 벗어나게 된다. 꾸란은 말한다.

순결한 여인을 고발한 후 네 명의 증인을 세우지 못한 자들에게는 80대의 채찍 형을 가할지니… (그러나) 그 후에 회개하고 돌이키는 자는 구원할지니

- 꾸란 24:4-5, 피크탈 역

이를 해석하면 만약 누군가가 중상모략의 범죄를 저질렀으나 이를 회개하면 80대의 채찍 형을 면제할 수 있다는 뜻이다. 이 이야기의 초점은 무엇인가? 요점은 이슬람 학자들 가운데 어느 누구도 이러한 계시가 무함마드의 사적인 문제를 해결하는 수단으로 이용됐다는 점에 대하여 감히 문제를 제기하려고 시도하려 들지 않는다는 점이다. 이슬람 학자들이 비판적인 사고 자체를 가질 수 없는 것은 꾸란에 다음과 같은 구절이 있기 때문이다.

그리고 메신저(무함마드)가 무엇을 너희에게 전하든 너희는 그것을 받고, 그가 무엇을 금하든 너희는 그것을 금할 것이며, 알라를 두려워하라. 진심으로 말하나니 알라의 형벌은 엄하시니라.

- 꾸란 59:7, 무신 칸 역

만약 그들이 해답을 얻기 위하여 자기들의 논리를 펼쳐서 두뇌를 사용하면 메신저가 그어 놓은 금단의 선을 넘어서게 될 것이며 이는 알라와 무함마드에 대항하는 행위이다. 그들은 또 다른 한 유명한 구절에도 부딪칠 것이 분명하다.

오, 너희 믿는 자들아! 너희들에게 일단 선포된 문제가 비록 너희의 마음을 어지럽게 할지라도 그것을 묻지 말지니라. 그것이 오히려 해롭게 하느리라

- 꾸란 5:101, 샤키르 역

서방의 중상모략 죄

미국에도 중상모략에 대한 법률은 있다. 그렇다고 그 법률 조항에 80대의 채찍 형을 가하라는 구절은 없다. 다시 말하면 이것은 8번째 개정된 미합중국 헌법에 어긋나기 때문이다. 이 헌법은 잔인하고 비상식적인 처벌을 금하고 있다.

이슬람 국가에 살고 있는 보통의 무슬림들은 잔인하고 비상식적인 처형이 옳지 않은 것이라고 말하는 소리를 들어본 적도 없다. 대신에 사람을 때리는 것이 곧 사람을 다스리는 방법이라고 이해하고 있다. 이슬람 정부는 흔히 감옥에서 자행되는 고문과 매질을 정당화 한다. 또한 종교 지도자들도 샤리아 율법을 집행하기 위하여 수시로 태형을 가한다. 신체적 고문을 가하는 것은 무슬림 문화이며 무슬림들은 그것을 감내하며 살아야 한다.

살인

본질적 충돌 – 모든 사람은 평등하게 창조되었다

샤리아 법에 의하면 살인은 사형에 처하도록 되어 있다. 서방 사회에도 사형 제도는 있다. 그리고 서방 사회는 살인에 대한 처벌이 살인의 동기와 그 배경을 고려하여 결정되기는 해도 살인을 당한 사람이 누군가에 의해서 처벌이 달라지는 법은 없다. 그 사람이 남자든 여자든 무슬림이든 비 무슬림이든 어린아이든 노인이든 아무런 차이가 없다. 법 앞에는 모든 사람이 평등하다.

물론 미국이라고 언제나 그런 것만은 아니다. 흑인을 살해한 사람은 백인을 살해한 사람보다 그 죄가 가볍다고 여기던 시절이 있었다. 그러나 미국에서는 이러한 인종 차별을 잘못된 것으로 판단하고 지금은 모든 인간의 생명은 동일한 가치를 가진다고 분명하게 법에 명기하여 놓았다.

그러나 샤리아 율법은 모든 생명에 동일한 가치를 부여하지 않는다. 꾸란 2:178에는 살인에 대한 처벌이 구체적으로 명기되어 있다.

오, 너희 믿는 자들아! 살인의 경우에 대하여 평등의 율법이 너희에게 선포 되었으니 자유인에 대해서는 자유인에게, 노예에 대해서는 노예에게, 여인에 대해서는 여인에게 적용될 율법이니라. 그러나 살해당한 자의 형제가 사면을 청하면, 모든 합리적인 요구에 응하고 큰 감사와 더불어 그에게 보응할 것이니 이것이 양보이며 너희의 알라가 주시는 자비이니라. 이러한 일 이후에 또 죄를 저지르는 자는 깊은 형벌에 떨어질 것이니라. — 꾸란 2:178, 알리 역

자, 이제 무슬림이 기독교인을 살해했다고 가정해보자.

샤리아 율법에서는 이 무슬림은 사형 언도를 받지 않는데 이유는 기독교인의 목숨은 무슬림의 목숨과 동일한 값어치를 가지지 않기 때문이다. 대 역사학자 이븐 카티르는 이 문제에 대하여 무함마드가 고수한 입장을 정확하게 묘사했다.

알리 이븐 아부 탈립에 의하면 알라의 메신저는 '무슬림이 유대인이나 이교도를 살해했다고 그를 사형시킬 수는 없다.'고 말했다.[13]

또한 이븐 카티르는 "대부분의 이슬람 학자들은 꾸란 2:178에서 '여인에 대해서는 여인에게'라고 분명하게 명시해 놓았으므로 남자가 여성을 살해했다고 남자를 사형시킬 수는 없다는데 동의한다고 주장한다."[14]

---

13. Ibid., vol. 1, p. 273.

내 생각에는 오늘날의 보통의 무슬림들은 살인에 대한 이슬람 율법이 서로 다른 인간에 대하여 다른 가치를 부여하고 있다는 점을 전혀 인식하지 못하고 있다고 본다. 그들이 이 점을 깨닫게 된다면 아마 큰 충격을 받게 될 것이다.

그러나 대부분의 무슬림들도 많은 이슬람 정부가 명예살인이라는 이름하에 여인과 소녀들에게 자행되는 살인에 대해서는 각기 다른 시각을 가지고 있다는 점을 잘 알고 있다. 요르단과 기타 걸프 만에 인접한 아랍 국가에서는 명예 살인이 흔히 발생된다. 한 여인의 가족이 그 여인이 죄를 지었다는 점을 알게 되면, 그 여인은 곧바로 사라진다. 이웃도 물론 그 여인이 행방불명이 되었다는 사실을 잘 알고 있지만 이를 입에 담지 않는다.

가슴 아픈 추억

내가 이집트에서 중학교를 다닐 무렵에 나는 '명예살인'의 현장을 한 번 이상 목격했다. 우리 마을로부터 약 3킬로미터 정도 떨어진 곳에는 나일 강의 지류인 엄청나게 큰 관개용 운하가 있었다. 운하의 폭은 넓고 물결은 빨랐다. 소년이었던 나와 내 친구는 수영을 하려고 운하에 걸친 다리 위에서 물로 뛰어내리곤 했다.

나는 남자나 여자가 총에 살해되어 다리 위에서 운하로 던져지는 것을 여러 번 목격했다. 사체는 처음에는 강바닥에 잠기지만 하루 이틀이 지나면 수면으로 떠오르기 마련이다. 어떤 때는 수면이 너무 높아져서 다리의 바닥에 닿기도 했으므로 사체가 수면으로 떠오르면 흘러내리는 물의 압력에 의해 다리에 걸치게 된다.

---

14. Ibid.

때로는 남자의 사체도 보았으나 대부분 사체는 여성들이었다. 아무도 경찰을 부르려 하지 않았으므로 어쩌면 사체는 2~3일을 다리에 걸쳐서 묶여 있을 수도 있었다. 이집트에서는 경찰관의 옆에 서서 그들이 이것저것 묻는 말에 대답하기를 꺼려하는데 경찰들의 평판이 지독히도 나쁘기 때문이다.

가장 잔인한 '명예살인' 사체를 발견한 것은 내가 친구와 함께 다리 위에서 물에 뛰어들어 수영할 준비를 막 끝낼 무렵이었다. 운하의 반대편에는 도로가 나 있고 도로 건너편에는 옥수수 밭이 펼쳐져 있었다. 우리는 옥수수 밭에서부터 두 남자가 어린 소녀의 손을 등 뒤로 묶은 채 질질 끌고 나오는 모습을 목격했다. 그들은 도로를 가로질러 오더니 그 소녀를 앉히고는 머리를 물을 향하여 아래로 숙이게 했다. 그러더니 한 남자가 칼을 꺼내어 목에 대더니 목을 잘랐고 다른 사람은 그 몸뚱이를 물에 밀어 넣었다.

그 광경을 목격한 나는 끝없이 비명을 질렀다. 나는 이 악몽에서 벗어나는데 약 2주가 걸렸다. 첫째 날 밤에는 한 밤 중에 깨어나서 울며 비명을 질러댔다. 나는 아래층으로 뛰어 내려가 대문을 박차고 거리에 나가서 비명을 지르며 계속 뛰었다. 이것은 내가 유년 시절에 겪었던 가장 참담한 사건 가운데 하나이다. 나는 지금도 그 소녀에 대해 의문을 가지고 있다. 도대체 무슨 죄를 지었기에 그 소녀는 그토록 무참하게 살해되었을까?

서방의 살인죄
서방세계는 이슬람 율법을 받아들임으로써 문명과 인간 권리의 문제에 대하여 결코 후퇴하지는 않을 것이다. 서방세계는 건국 당시에 세웠던 이상을 향하여 끊임없이 전진해 갈 것이다. "모든 인간은 평등하게 창조 되었다." 살해당한 희생자가 여자라거나 다른 종교를 신봉한다는 이유로 살인을 방조하는 그런 만행이 자행되지 않을 것이다. 서방사회에서는 법률에 따라서 여성이든 남성이든 또는 무슬림이든 비 무슬림이든 아무런 차별이 없이 의심의 그늘을 넘어서 죄가 입증될 때까지는 무죄이다.

결론

왜 무슬림들은 오래 전 7세기에 성립된 공의(公義)의 관점에서 아직도 벗어나지 못할까? 이것은 이슬람이 곧 종교이자 삶의 방식이기 때문이다. 무함마드는 그곳에서 어느 한 일부라도 도저히 떼어버릴 수 없는 시스템을 구축하여 놓은 것이다. 꾸란은 여러분이 "일부는 믿고 일부는 부정한다" (꾸란 4:150, 피크탈 역) 고 말할 수 없게 만든다.

이 구절은 무슬림 세계에서는 매우 유명한 말이며 사람들은 그것이 무엇을 의미하는지 잘 알고 있다. 여러분이 이슬람세계에서 산다면 그 중에서 좋아하는 어떤 것은 받아들이되 싫어하는 어떤 것은 배척할 수 있는 선택권이 여러분에게는 주어지지 않는다. 오로지 모든 것을 받아들여야만 한다. 꾸란은

그들은 네(무함마드)가 그들 사이의 모든 다툼을 심판한 후에라야 (진정한) 믿음도 가질 수가 있느니라.
-꾸란 4:65, 알리 역

이 구절은 몇몇 무슬림들이 발생한 분쟁을 조정하기 위하여 무함마드가 아닌 다른 사람에게 찾아간 사건 때문에 계시되었다. 이 구절의 의미는 사람들이 분쟁을 조정하기 위하여 무함마드를 찾지 않는 한 그들은 믿음이 없는 사람들이라는 뜻이다. 원리주의 무슬림들은 지금도 무슬림이 이슬람 율법의 일부를 배척하려 하는 경우에 늘

이 구절을 인용하여 그들을 불신자라거나 이슬람의 배교자들이라고 매도한다. 이런 이유로 이슬람의 율법은 현대화가 불가능하다. 왜냐 하면 이슬람 율법을 개정하려는 사람은

1. 모든 분쟁의 심판을 무함마드에게 의존하지 않는 자이며
2. 믿음이 없다는 증거를 나타내는 자이기 때문이다.

진정한 무슬림이 되기를 원한다면 무함마드의 말과 본을 따라서 살아야 한 다. 꾸란은 "무함마드에게 복종하는 자는 곧 알라에게 복종하는 자니라.

－꾸란 4:80, 알리 역   꾸란 4:64, 5:44, 5:49~50, 38:26 비교참조

꾸란은 무슬림들이 본 장에서 설명한 범죄에 대한 재판의 결과를 놓고 일부는 받아들이고 동시에 다른 일부는 거부하기가 거의 불가 능에 가깝게 만들어 놓았다. 이 책의 다음 장에서 논하겠지만 무슬 림 세계는 자신들의 역사와 율법을 읽고 이해하는 방법을 개혁하려 면 매우 강력한 힘이 필요하다.

이러한 종류의 개혁은 오직 사상과 종교의 자유가 허락되어 있는 자유 사회에서만이 태동할 수 있다. 따라서 그러한 종류의 자유를 쟁취하기 위해서는 무슬림 사회가 우선 민주국가로 변혁되어야 한다. 다음에 이어지는 세 장에서는 이슬람 국가는 민주주의 국가에 대하 여 어떻게 가르치고 있는지 그리고 현재 벌어지고 있는 이라크 참상 에도 불구하고 어떻게 하면 중동에 민주주의를 뿌리내리게 할 수 있 는지에 대하여 논할 것이다.

제14장
민주주의에 대한 이슬람의 시각

    21세기에 접어들면서 미국은 중동에 민주주의를 심으려는 정책을 밀어붙이기 시작했다. 이것은 미국으로서는 새로운 시도였다. 9·11 이전에는 미국은 민주주의를 힘으로 밀어붙일 의사를 가지고 있지 않았다. 그 대신 이 지역에서 안정을 유지하는데 정책이 집중되어 있었다. 그러나 미국이 아프가니스탄에서 탈레반(Taliban)을 그리고 이라크에서 사담 후세인이 이끄는 바아트당을 몰아 낸 이후에 정책에 변화가 일기 시작했다. 미국의 이 새로운 입장 변화는 2005년에 카이로에 소재한 한 미국계 대학에서 행한 콘돌리자 라이스(Condoleeza Rice)미 국무장관의 연설에 명확하게 나타나 있다.

    중동 사람들을 향하여 라이스는 다음과 같이 말했다.
    우리 모두는 전 세계의 모든 나라가 시민들의 의사를 존중하는 그런 정부를 세우는 미래를 향하여 나아가고 있습니다. 이상적 민주주의를 실현하는 일이 이제는 범세계적인 대세가 되었기 때문입니다. 우리 미합중국은 60년 간 중동지역에 안정을 정착시키기 위하여 노력해왔는데, 이 노력은 민주주의의 확립을 추구하는 바탕 위에서 진행되어 왔습니다. 그러나 우리는 안정도 민주주의도 모두 성취하지 못했습니다. 이제 우리는 방향을 전환해야 합니다. 우리는 모든 사람들이 품고 있는 민주주의에 대한 열망을 지지합니다.…

우리는 이러한 진전이 쉽사리 성취 되리라고 생각하지 않으며 더군다나 이것이 한꺼번에 되리라고 전혀 기대하지 않습니다. 우리는 민주주의를 정착시키기 위하여 노력하고 있는 모든 나라마다 그 나라의 특성에 맞는 형태의 민주주의가 이루어져야 한다고 생각합니다. 우리가 민주주의를 논할 때 그것은 모든 국민들의 기본적인 권리를 보호할 능력을 가진 정부를 세운다는 것을 의미하며, 여러 권리 중에서도 특별히 다음과 같은 자유를 보장하는 정부입니다. 즉, 언론의 자유를 보장하는 정부를 의미합니다. 이는 서로의 생각을 자유롭게 소통하는 자유를 말합니다. 또 여러분이 원하는 신을 섬길 수 있는 자유입니다. 그리고 사내아이나 계집아이를 가리지 않고 여러분의 자녀를 자유롭게 교육할 수 있는 자유입니다. 그리고 한 밤중에 찾아온 경찰의 노크소리로부터 해방되는 자유입니다.

위와 같은 자유의 보장은 모든 시민들에게 부여된 희망이자 모든 정부가 당연히 져야 할 의무입니다.[1]

---

1. Condoleezza Rice, "Remarks at the American University in Cairo," June 20, 2005, as quoted at U.S. Department of State, http://www.state.gov/secretary/rm/2005/48328.htm (accessed June 11, 2007). In the same speech Rice wisely acknowledged the shortcoming of the United States in human rights: "In my own country, the progress of democracy has been long and difficult. And given our history, the United States has no cause for false pride and we have every reason for humility.
"After all, America was founded by individuals who knew that au human beings–and the governments they create–are inherently imperfect. And the United States was born half free and half slave. And it was only in my lifetime that my government guaranteed the right to vote for au of its people."
"Nevertheless, the principles enshrined in our Constitution enable citizens of conviction to move America closer every day to the ideal of democracy. Here in the Middle East, that same long hopeful process of democratic change is now beginning to unfold. Millions of people are demanding freedom for themselves and democracy for their countries."

나는 이러한 정책에 전적으로 동의한다. 무슬림 사회는 무엇보다도 민주주의와 자유가 필요하다. 일반 노동계층의 무슬림들이야말로 이슬람의 부패한 정부로 인한 고통을 가장 많이 받고 있는 사람들이다. 그들은 기본적인 노동권과 기본적인 서비스와 사회보장 및 기본적인 자유가 결여되어 있다. 그들에게는 자신들을 돌보며 삶의 질을 향상 시켜 줄 정부가 필요하다. 그들에게는 일자리에 대한 기회가 주어져야 하며 양질의 교육과 건강관리 및 사업을 시작할 자유가 주어져야 한다. 이러한 것들을 가능하게 할 수 있는 정부야말로 곧 그들이 원하는 정부인 것이다.

교육을 받지 못한 사람들은 중도정부나 종교정부 중 어느 정부가 그들에게 큰 도움을 줄 지를 판단할 수 있는 능력이 없다. 그들은 민주주의가 이것들을 잘 해낼 수 있을까 실험해보기를 원한다. 똑같은 이유로 그들은 학교나 병원과 같은 실제적인 사회적 서비스 기관을 제공하기만 한다면 원리주의 정부인들 문제될 것이 전혀 없다. 다만 자기들을 위하여 봉사할 정부가 필요할 뿐이다.

실제적으로도 그들은 이슬람 안에서 지배를 받으며 살기를 원하지는 않는다. 그러나 동시에 그들은 꾸란에 기초한 이슬람의 국가로서 불려 지기를 바란다. 예를 들면 이라크 헌법의 초안에는 민주주의를 갈망하는 염원과 이슬람에 대한 사랑이 조화되어 있다는 것을 발견할 수 있다. 이 헌법의 제 1부 2조에는

첫째: 이슬람은 공식적 국교이며 이것은 모든 입법의 기초가 된다.
  A. 이미 존재하는 이슬람의 율법과 위배되는 법률을 제정
    할 수 없다
  B. 민주주의의 원칙에 위배되는 법률을 제정할 수 없다.[2]
이라크 국민은 민주주의를 원하기는 하지만 더불어 이슬람을 공

식적인 국교로 삼기도 원한다. 그들은 "실존하는 이슬람의 율법과 배치되는 법률"을 제정하기를 원하지 않는다.

서방의 여타 국가들과 마찬가지로 정치와 종교의 분리를 이루는 것이 더욱 바람직할 것이다. 그러나 만일 여러분이 이슬람을 국교로서 인정하려 하지 않았다면 이라크 국민들은 이런 헌법은 결코 받아들이지 않았을 것이다.

심지어는 종·정분리(宗·政分離)를 주장하기 때문에 이슬람 원리주의자들에게 암살당한 안와르 사다트(Anwar Sadat) 치하에서 제정된 이집트의 헌법도 이슬람은 국교이며 이슬람 율법이 모든 법제정의 기본이 된다고 규정하고 있다. 제 1부 제 2항에는 이렇게 규정하고 있다.

이슬람은 국교이다. 아랍어는 국가의 공식 언어이며 법제정의 근본은 이슬람의 법체계(샤리아)이다.[3]

간단히 말해서 일반적인 무슬림들은 자신들이 이슬람과 함께하기를 간절히 원하되 이슬람 율법으로 인하여서 고통 받는 것을 원하지 않고 있으며 자기들의 삶의 질을 향상시켜만 준다면 민주주의 치하에서 살기를 원할 것이다.

종교와 정치를 완벽하게 구별하기를 원하는 사람들은 단지 대부

2. WashingtonPost.com, *Full Text of Iraqi Constitution*: Draft Document£` to Be Presented to Voters Saturday," courtesy of the Associated Press October 12, 2005, http://www.washingtonpost.com/wp-dyn/content/articleI2005/ 10/12/AR2005101201450.html (accessed June 11, 2007).

3. Arab Republic of Egypt, *The People's Assembly* "Constitution Text£`" http://www.parliament.gov.eg/EPA/en/itemX.jsp?itemFlag="Strange"&categoryID=I&sectionID=11&typeID=1&categorylDX=1&itemID=8&levelid=54&parentlevel=6&levelno=2 (accessed June 11, 2007).

분의 개방적 무슬림들뿐이다. 일부 이러한 무슬림들은 서방세계의 교육을 받은 사람들로서 중도 정부가 무슬림세계를 위해서는 가장 적합한 정부라고 믿고 있다. 서방세계가 민주주의를 확산 시키는 것이 목적이라고 주장할 경우 이 주장에 진정으로 동의할 사람들은 이 개방적인 무슬림들뿐이다.

만일 여러분이 이슬람이 민주주의를 어떻게 인식하고 있는지 깊이 있게 이해하고 싶다면 일반적인 무슬림들과 이야기 해봐야 소용없다. 여러분은 이슬람을 깊이 있게 공부하여 그것을 실제의 삶에 적용할 능력을 갖춘 원리주의 또는 헌신적인 무슬림들에게 가야 한다. 대부분의 원리주의 무슬림들은 민주주의를 거부할 것이며 이를 이교도 즉 서방의 정치 시스템이라고 부를 것이다. 그러나 일부 헌신적 무슬림들 가운데는 민주주의가 허용할 만한 시스템이며 서방세계에 민주주의가 도입되기 훨씬 그 이전에 이미 이슬람 국가에서도 시행이 되고 있었다고 주장 하는 사람들도 있을 것이다.

민주주의를 배척하는 원리주의자

전 세계에 걸쳐 원리주의 운동을 펼치고 있는 원리주의자들은 민주주의를 배격하며 민주주의가 이슬람에서 도래하지 않았다고 주장한다. 그들에게는 민주주의란 이교도 즉 서방의 시스템에 불과한 것이다. 그것은 알라와 무함마드 그리고 꾸란과는 아무런 관련이 없다.

이러한 그들의 태도는 현대의 원리주의 운동 지도자들이 만들어 놓은 작품이다. 하산 알 바나(Hasan al Bana : 1906~1949), 아부 알라 마우두디(Abu ala' Maududi: 1903~1979), 씨이드 꾸틉(Sayyid Qutb : 1906~1965) 등이 그들이다. 현재의 강력한 이슬람 지도자들은 모두 이 범주에 속한

다.[4]

다음과 같은 주장들이 그들이 펼치는 논리들이다.

피조물에 대한 통치권은 그것들을 창조한 알라에게 있다.

알 아즈하르 대학에서 율법 교육을 받은 마흐무드 알 카흘리디 (Mahmoud al Kah'lidi) 박사는 다음과 같이 썼다.

이슬람의 통치권은 알라와 그의 율법에 속하지만 서방민주주의는 통치권이 사람에게 있다. 그리고 이것은 정치적 시스템에 관한 이슬람 원리와 조화를 이룰 수 없다. … 우리는 통치가 알라가 아닌 사람을 위한 것이라고 말하는 증거를 꾸란에서는 단 한 줄도 찾아볼 수 없다. 본 문제에 관하여 말하고 있는 모든 꾸란의 구절들은 한결같이 통치권이 알라와 그의 율법에 있다고 한다. 더구나 율법은 무함마드에게 계시된 율법이며 의회에서 제정되어 전래된 것이 아니다.[5]

알라에게 권한이 있다고 쓰인 구절을 꾸란에서 찾아보기는 쉽다. 그 중 몇 가지 예를 든다.

명령(또는 심판)은 오직 알라에게만 있느니라.   - 꾸란 12:40, 무신 칸 역

그는 자기의 명령 아래서 법칙에 따라 다스릴 태양과 달과 별들(그리고 모든 것들)을 창조하셨노라. (그러므로) 그것을 창조하고 다스리는 것이 그의 것이(소유가)

---

4. The following is a sample of the most prominent Islamic scholars who have rejected democracy and demand Islamic government. I read these books in Arabic but you can find English translations for some of them especiauy the books by Maududi and Qutb: Syed Abu-ala' Maududi, Theory of Islam and Its Guidance, 33–34; Sayyid Qutb, Milestones Along the Road, 81; Abdul Hamid Mut' wa' i, The Principle of Shura, 40; Mohamed As' sad, Islam and Politics, 52; Ta' kayal–Neb' han', The Isl.amic Personality, vol. 3, p. 9; and Mahmoud al–Kah' Ii' di, Western Democracy in the Light of the Islamic Law.

5. *Mahmoud al-Kah'Iidi*, Western Democracy in the Light of Islamic Laxy. I knew Dr. al-Kah' Iidi when he was studying for his doctorate in Islamic law at AI-Azhar in the 1980s.

아니겠느냐?　　　　　　　　　　　　　　　　　　　　- 꾸란 7:54, 알리 역

　알라는… (그의) 통치를 위해 동반자를 두지 않으셨노라.　　- 꾸란 17:111, 알리 역

　…그는 어느 누구와도 그의 통치권을 공유하지 않았노라.　- 꾸란 18:26, 알리 역

　우리의 알라가 진정으로 금한 것은… (예배할 때에) 알라에게 그가 권한을 주지
않은 협력자를 덧붙이는 것이니라.　　　　　　　　　- 꾸란 7:33, 무신 칸 역

통치권을 알라에게서 훔쳐서 인간에게 넘겨주는 민주주의는 이슬람의 율법에 어긋난다.

　원리주의의 관점에서 보면 이슬람의 교리에 근거하지 않는 모든
법률은 알라를 공격하는 것이다. 현대적 테러리즘을 창시한 시조 중
의 한 사람인 마우두디는 "비록 사람은 알라의 한낱 노예에 불과하
지만 어떤 사람들은 알라의 율법을 그 뒤에 감추고 새로운 율법을
창조하려고 시도한다." 고 설명했다.[6]

　꾸란은 사람들이 자신들을 위하여 율법을 만드는 행위를 절대 참
지 않을 것이라고 한다. 이것은 알라에 대한 기만행위에 해당한다.
　그리고 너희 혀가 거짓으로 밸어내는 일들을 말하지 말지니 '이것은 율법에
맞고 이것은 금지되었노라.' 라고 말하는 것이니라. 이는 알라를 향하여 거짓을
꾸며내는 것과 같으니라. 진심으로 말하노라. 알라를 향하여 거짓을 꾸며내는
자들은 결코 번성하지 못하리라.　　　- 꾸란 16:116, 무신 칸 역(꾸란 7:3 비교참조)

　사람이 만든 법을 따르는 자는 범죄자요 율법을 범한 자에 불과

---

6. Syed Abu-ala' Maududi, The Islamic State.

하다고 꾸란은 말한다.

알라가 계시하신 것(의 빛)에 비추어서 판단하지 못하는 자들은 누구라도 불신자보다 낫지 못하느라.　　　　　　　　　　　　　　　- 꾸란 5:47, 알리 역

원리주의자들은 알라가 믿는 자들이 법으로 사용하라고 꾸란을 보내주셨다고 주장한다.

보라! 나는 너희에게 진리가 담긴 이 꾸란을 계시하였나니 이는 알라가 너희에게 보이신 이것을 이용하여 사람 가운데서 재판할 수 있게 하려 하심이니라.　　　　　　　　　　　　　　　- 꾸란 4:105, 피크탈 역

이슬람에서 유래되지 않은 정치 시스템을 택하는 자는 이슬람에 대한 배교자이므로 알라의 버림을 받는다.

원리주의자들은 민주주의를 받아들이는 자들은 알라 이외의 권위에 복종하는 자들이므로 우상숭배자와 다름없다고 주장한다. 그들의 눈에는 민주주의를 수용하는 행위가 이슬람을 배교하는 것으로 보이는 것이다.

그러나 주의 이름으로 말하나니, 그들이 너(무함마드)로 하여금 그들 사이의 모든 분쟁을 재판하게 하며, 네 판결에 대하여 아무런 저항도 가지는 마음이 없이 그것들을 완전한 신뢰심으로 받아들일 때까지는 그들은 결코 (진정한) 믿음이 없도다.　　　　　　　　　　　　　　　- 꾸란 4:65, 알리 역

원리주의자들의 핵심 입장은 알라가 한편으로는 신앙으로 그리고 다른 한편으로는 무함마드를 통하여 이슬람을 삶의 방편이 될 수 있게 창조했다는 것이다. 따라서 다른 종교적인 또는 율법적인 원천은 받아들이지 않을 것이다. 민주주의는 알라가 창조한 시스템이 아니다. 알라의 율법 이외에 다른 법률을 들어서 통치를 시도하는 자

들의 눈에는 민주주의를 수용하는 행위가 이슬람을 배교하는 것으로 보이는 것이다.

그러나 주의 이름으로 말하나니, 그들이 너(무함마드)로 하여금 그들 사이의 모든 분쟁을 재판하게 하며, 네 판결에 대하여 아무런 저항도 가지는 마음이 없이 그것들을 완전한 신뢰심으로 받아들일 때까지는 그들은 결코 (진정한) 믿음이 없도다.

— 꾸란 4:65, 알리 역

원리주의자들의 핵심 입장은 알라가 한편으로는 신앙으로 그리고 다른 한편으로는 무함마드를 통하여 이슬람을 삶의 방편이 될 수 있게 창조했다는 것이다. 따라서 다른 종교적인 또는 율법적인 원천은 받아들이지 않을 것이다. 민주주의는 알라가 창조한 시스템이 아니다. 알라의 율법 이외에 다른 법률을 들어서 통치를 시도하는 자는 알라의 율법이 충분하지 않다고 주장하고 있는 것이며 그러한 자들이야말로 카피르 즉 '이교도' 지도자가 이슬람의 율법을 따르지 않으면 원리주의자들은 지도자를 제거하여야 한다고 믿는다. 이유는 꾸란에 다음과 같이 기록되어 있기 때문이다.

나(알라)를 기억하지 않는 마음을 가진 자에게 복종하지 말지니 그들은 자신의 정욕만을 좇으므로 알라로부터 버림받은 경우니라.

— 꾸란 18:28, 피크탈 역

원리주의자들은 민주주의란 기독교인들(미국과 유럽)이 자기들에게 강요하는 잘못된 정부의 형태라는 시각으로 본다. 만일 그들이 이 압력에 굴복하면 그들은 알라가 더 이상 그들을 보호하거나 돕지 않을 것이라고 믿는다. 그들은 다음과 같은 꾸란의 구절을 그 증거로 댄다.

그리고 유대인들은 결코 너희들을 기뻐하지 않을 것이며, 기독교인들은 너희는 알라의 율법이 충분하지 않다고 주장하고 있는 것이며 그러한 자들이야말로 카피르 즉 '이교도' 지도자가 이슬람의 율법을 따르지 않으면 원리주의자들은 지도자를 제거하여야 한다고 믿는다. 이유는 꾸란에 다음과 같이 기록되어 있기 때문이다.

나(알라)를 기억하지 않는 마음을 가진 자에게 복종하지 말지니 그들은 자신의 정욕만을 좇으므로 알라로부터 버림받은 경우니라. 꾸란 18:28, 피크탈 역

원리주의자들은 민주주의란 기독교인들(미국과 유럽)이 자기들에게 강요하는 잘못된 정부의 형태라는 시각으로 본다. 만일 그들이 이 압력에 굴복하면 그들은 알라가 더 이상 그들을 보호하거나 돕지 않을 것이라고 믿는다. 그들은 다음과 같은 꾸란의 구절을 그 증거로 댄다.

그리고 유대인들은 결코 너희들을 기뻐하지 않을 것이며, 기독교인들은 너희들이 자기들의 종교를 따르기 전에는 결코 너희들을 기뻐하지 않을 것이니라. 들으라. 진정으로 알라의 지침 곧 그것이 (참) 지침이니라. 그리고 만일 너희들이, 너희들에게 들어 와 있는 그 지식 이후에도, 그들(유대인과 기독교인)의 욕망을 좇으면, 너희들은 알라로부터 아무런 보호도 받지 못하며 도움도 없을 것이니라. - 꾸란 2:120, 샤키르 역

이 구절에 의하면 기독교인은 무슬림이 기독교로 개종하지 않는 한 무슬림을 좋아하지 않을 것이라고 말하고 있다. 그런데 만일 무슬림들이 기독교로 개종하면 알라는 더 이상 그들을 인도하거나 돕지 않을 것이다. 따라서 무슬림들은 민주주의를 기독교인들이 쳐 놓은 덫으로 간주하며 이 덫이야말로 자기들을 파멸로 인도하여 알라가 더 이상 자기들을 보호하지 않게 만들 것이라고 생각한다.

민주주의를 수용하는 헌신적 무슬림

민주주의를 지지하는 무슬림 학자들은 이슬람역사에 비추어 완전히 다른 관점에서 민주주의를 바라본다. 민주주의를 이슬람세계에서는 전혀 설 자리가 없는 체제라고 주장하는 대신에 민주주의는 다른 비 무슬림 문화와는 별도로 애초부터 이슬람 국가에서 실행되어 왔던 제도라는 것이다.

심지어는 유럽 또는 서방 세계에서 이제 겨우 민주주의라는 형태의 정치 체제에 대한 개념이 싹트기 시작한 때보다 무려 수백 년은 더 빨리 이슬람 국가에서는 민주주의가 실행되고 있었다고 주장한다. 이러한 의견은 꽤 잘 나가는 일련의 학자들에게서 지지를 받고 있다.[7]

이들의 주장에 의하면 이슬람은 민중들에게 정부에서 자기들을 이끌 대표자를 뽑도록 요구했다고 말한다. 이것은 민주주의가 행하는 방식이다. 그들은 민주주의 방식과 똑같이 민중들이 자기들에게 봉사할 자신의 지도자나 대표자를 뽑아 자기들에게 충성하게 했다

---

7. The following is a sample of the most prominent Islamic scholars who accept democracy. I read these books in Arabic and you will probably have a hard time finding any in English with the possible exception of the books by Sheikh Yusef Qaradawi: Yusef Qaradawi, A Modern Islamic Legal Opinion; Dayima al-Jourff, Theory of the St£`ate, 371-373; Abduuah al-Arabi, A Discussion of the Constitution, 224; Muhammad Be'Keet al-Mute', The Truth of Islam and the Principle of the Government, 24; Mohamed al-Ri'yes, Political Theory, 338; Shi'keeb Ar-Salan, The Islamic World Today, vol. 1, p. 240; Mustafa Sabri, The Relationship Between Mind and Science and the World, vol. 1, p. 18; Abas al-A'kaad, Democracy in Islam, 54; and Sayyid Sa'biq, The Element of the Power in Islam, 199. Sheikh Sa'biq was the imam of the mosque in Cairo where I said my prayers while earning my bachelor's degree at Al-Azhar. Almost every Friday I would sit and discuss issues with him because he was an Al-Azhar scholar. He has already died.

고 주장한다. 만일 지도자가 실정을 저지르면 민중은 그의 직위를 박탈할 수가 있다.

이러한 주장을 펴는 학자들은 선거, 다수결의 원칙, 서로 이념이 다른 정당의 창당, 소수의 권리, 출판의 자유, 사법권의 독립 등 민주주의의 다양한 관점의 정당성을 인정한다.

그들의 주장에 의하면 민주주의는 이슬람의 알 슈라(al shurra)의 원리를 실행하는 방법이라고 주장하는데 이 알 슈라는 무함마드가 직접 창시하였으며 '서로에게 물어서 결정하는 것' 이라는 문자적 의미를 가지고 있다. 꾸란은 " 상호 협의를 통해서 자기의 문제를 집행하는 (꾸란 52:38)" 자에 관하여 말할 때에 이 원칙을 든다. 이슬람의 역사를 보면 무슬림사회가 어떤 결정을 내릴 때 여러 사람들의 의견을 모아서 단체로 했다는 예가 있다.

다른 꾸란의 구절에서는 무함마드가 '일의 집행'에 관하여 무슬림들과 상의했다고도 말한다. 이 구절의 문맥으로 볼 때 일부 무슬림들이 무함마드의 명령에 반하여 지하드를 반대하는 편에 선 것처럼 보인다. 무함마드는 그들에게 관대하여 알라에게 그들을 용서하여 줄 것을 요청했다. 그들을 무슬림 사회로 다시 받아들인다는 점을 보이기 위하여 무함마드는 일의 집행에 관하여 그들과 상의하였던 것이다.　　　　　　　　　　　　　　—꾸란 3:159, 피크탈 역

이와 같이 이 구절들은 이슬람 학자들이 민주주의는 무함마드 시절부터 실행하여 온 이슬람의 한 부분이라고 주장하는 근거로 사용한다.

이러한 입장을 견지한 가장 유명한 이슬람 학자는 유세프 카라다위 박사이며 그는 알 자지라(Al Jazeera) 방송과 그의 웹사이트에서 진

행중인 종교 문제에 관한 시청자 전화 참가프로그램으로 인해 오늘의 아랍 세계를 대변하는 독보적 명성을 얻고 있다. 그는 『현대 이슬람의 법률적 의견, A Modern Islamic Legal Opinion』이라는 저서에서 민주주의에 관하여 다음과 같은 의견을 피력했다. 우선 카라다위 박사가 그의 저서에서 소개한 알제리의 무슬림들이 던진 질문은 다음과 같다.

나는 알 제마 알 이슬라미야(Al Jema'a Al Islamiya : 이슬람 원리주의 단체의 하나) 출신의 원리주의 무슬림들이 민주주의가 이슬람과 상충된다고 말하는 소리를 듣고 실로 충격을 금하지 못했다. 그들 중 한 사람의 주장에 의하면 민주주의라는 것은 사람이 지배하는 정치체제이므로 이는 이교도적 시스템이라는 것이다. 이슬람에서는 당연히 알라가 지배하여야 하지 않느냐는 것이었다. 민주주의가 이슬람의 적이며 이교도의 시스템이라고 주장하는 이 말이 맞는 말일까요?[8]

카라다위 박사는 대답에서 다섯 가지 중요한 관점을 주장했다.

1. 이슬람은 지도자를 선택할 권리를 민중에게 주었다

카라다위는 민중들이 자기가 싫어하는 지도자를 따르지 않을 권리가 있다고 주장한다. 그는 무함마드가 언급한 유명한 하디스를 인용한다.

여러분들에게 가장 잘 어울리는 지도자는 여러분들이 늘 사랑하며 여러분들을 늘 사랑하는 지도자, 여러분들이 그를 위하여 알라의 축복을 빌어주며 여러분들을 위하여 알라의 축복을 빌어주는 그러한 지도자일 것입니다. 그리고 여러분들에게 최악의 지도자는 여러분이 증오하며 여러분을 증오

---

8. Yusef Qaradawi, A Modern Islamic Legal Opinion) vol. 2, p. 636-652.

하는 지도자 그리고 여러분이 저주하며 여러분을 저주하는 지도자일 것입니다.[9]

2. 알라는 민중이 싫어하는 지도자는 버린다

무함마드의 말이다. "세 종류의 사람이 드리는 기도는 결코 자기의 머리끝에도 다다르지 못할 것이니... 첫째에 해당하는 자가 곧 사람들이 싫어하는 지도자니라."

3. 알라는 이 땅에서 알라의 지위를 흉내 내려고 하는 자 그리고 알라의 사람들을 노예로 삼으려 하는 무슬림 독재자를 버릴 것이니라

카라다위는 독재자들을 "나 외에는 내가 아무런 신을 알지 못하노라(꾸란 28:38, 알리 역)."고 주장한 이집트의 파라오에 견주어 말했다.

4. 민주주의는 무슬림들이 독재자를 물리치고 선정을 베풀 지도자를
세우는 수단이다.

카라다위는 다음과 같이 설명했다.

민주주의를 신봉하거나 민주주의를 요구하는 행위는 지도자로 불릴 알라의 권리를 거부하는 행위에 해당되지 않는다. 우리가 민주주의를 수용할 때 그러한 결정의 모든 의미는 우리가 독재자와 독재를 거부한다는 증거로서 민주주의를 수용한다는 것이다.[10]

---

9. Sahih Muslim, bk. 20, no. 4574,
http://www.usc.edu/dept/MSA/fundamentals/hadithsunnah/muslim/020. smt.html
(accessed June 11, 2007).
10. Yusef Qaradawi, A M'odern Islamic Legal Opinion, vol. 2, p. 636-652.

5. 꾸란과 배치되지 않는 한 무슬림들은 현대적 이념과 정치시스템을
수용할 수 있다.

이 점은 대단히 중요한 관점이다. 원리주의자들은 이슬람 시스템에 새로운 무엇인가를 결코 받아들이지 않을 것이다. 만약 어떤 한 이념이 이슬람세계의 기존 이념이 아니라면 그들은 결코 그것을 수용하지 않을 것이다. 그러나 카라다위는 더 많은 현대화를 허락했다. 그는 다음과 같이 썼다. 다른 저서를 통하여 이미 여러 번 주장하였던 바대로 우리는 오직 한가지의 조건 즉 꾸란과 이슬람 율법에 저촉되지 않기만 하다면 다른 사람들로부터 늘 새로운 아이디어를 받아들여야 한다.[11]

카라다위가 어떤 아이디어는 받아들일 수 있다고 했는지 그가 설정한 한계에 주목하기 바란다. 그는 그것이 꾸란이라고 했다. 따라서 그가 비록 민주주의를 받아들이기는 하지만 이슬람에 배치되는 일체의 인간의 권리나 자유는 틀림없이 배격할 것이다.

이슬람과의 혼합 정부

무슬림들은 민주주의를 이슬람 국가의 유일한 정부 형태로 적용하는 데는 거부하지만 일반적인 정부 형태에 관해서는 완벽한 의견 일치를 이룬다. 그들이 동의하는 부분은 다음과 같다.

- 지배권을 가진 자는 유일한 알라이다.
- 꾸란이 무슬림의 헌법이다. - 꾸란 4 : 105

---

11. Ibid.

- 이슬람세계는 성스러운 헌법(꾸란)으로 다스려야 하며, 종국에는 전 세계를 꾸란으로 다스려야 한다. – 꾸란 24 : 55
- 꾸란이 모든 삶 특히 정치적인 삶을 이끌어야 한다. 미국의 헌법이 미국의 정강(政綱)을 이루듯이 꾸란은 이슬람의 정강을 이룬다.
- 법률은 알라로부터 오는 것이지 사람으로부터 오는 것이 아니다. 꾸란의 전례를 따르지 않고 율법을 제정할 수 있는 유일한 가능은 꾸란에 언급되어 있지 않는 사항을 다룰 때 뿐이다. 예를 들면 이슬람의 역사에서 교통 법규를 위반한 자에게 벌을 내리거나 선거 절차를 다룬 예는 없다.
- 서방에서는 의회가 헌법에 위배되는 법률을 제정할 수 없다는 이치와 마찬가지로 이슬람 정부도 꾸란에 위배되는 법률을 제정할 수 없다.

다른 말로 설명하면 그들이 민주주의를 수용하든 수용하지 않든 원리주의자들과 헌신적 무슬림들은 꾸란과 하디스에 정의되어 있는 법률 체제를 벗어나는 정부는 수용하지 않을 것이다. 만약 이슬람 율법이 다른 문화에서 당연시 하는 인간의 권리 즉 종교의 자유, 언론의 자유, 여성의 권리 등을 제한하고 있다면 그것은 당연히 제한되어야 한다는 것이다.

제15장
이라크와 중동의 민주주의

　많은 무슬림들이 민주주의에 대하여 개방적이기는 하지만 몇몇 무슬림 국가는 여전히 문을 열기가 쉽지 않을 것이다. 여러분이 만일 중동에서 이란을 제외하고 어떤 나라가 민주주의를 심는데 가장 어려운 나라냐고 묻는다면 나는 주저 없이 이라크라고 대답할 것이다.

　이 장에서는 이라크가 왜 이토록 세계에 어려운 문제들을 일으키고 있는지 간단하게 설명할 것이다. 더불어 나는 이라크의 문제가 해결되기 이전에라도 여타의 중동 국가에 민주주의를 뿌리내리게 하려면 군사적 개입을 제외하고 무엇을 해야 할지에 대해서도 의견을 제시할 것이다.

흐르는 모래
여러분이 만약 집을 짓는다면 모래 언덕 위에 그 기초를 두지는 않을 것이다. 그 기초가 끊임없이 흘러내리기 때문이다. 이라크는 다음과 같은 세 가지 이유로 민주주의를 세우기에는 너무도 위험한 지역이다.

1. 그곳에 살고 있는 사람들의 인종적 다양성
2. 이들이 이슬람세계에서 차지하고 있는 종교적 위상
3. 인접국가

인종적 다양성

이라크 사람들은 하나의 언어와 하나의 신앙을 가지고 있는 여타 아랍 국가들과는 그 상황이 다르다. 이라크는 서로 다른 언어를 사용하는 시아파, 아랍수니파, 쿠르드 수니파(Sunni Kurds)의 세 부류의 사람들로 나뉘어 있다.

- 시아파교도(또는 시이트(Shiites)교도)들은 이라크의 다수를 이루고 있는 사람들로서 이란과는 대단히 밀접한 관계를 유지하고 있는 반면 아랍세계와는 소원한 관계를 유지하고 있다. 그들 대다수는 아랍어를 사용하지만 때로는 파르시(Farsi) 또는 페르시아어(페르시아어는 이란의 국어이다)를 사용한다. 시아파교도들은 이라크의 남부와 중부 그리고 수도 바그다드에 살고 있다.
- 아랍 수니파교도들은 소수 민족이지만 사담 후세인의 독재정치 시절에 권력을 장악했던 종족이다. 그들은 아랍어를 사용한다. 수니파는 바그다드 서부에 살고 있으며 쿠르드가 다수를 점하고 있는 북부에 소수가 살고 있다.
- 쿠르드족들은 시리아, 터키, 이란에 산재해 있는 다른 쿠르드족과 연대하고 있으며 쿠르드어를 사용한다. 그들은 비록 수니파 무

슬림들이지만 이라크의 아랍 수니파와는 아무런 연계성도 가지지 않는다. 쿠르드족들은 대부분 이라크의 북부에서 살고 있다.

이렇게 다양하게 나뉘어 살아가고 있는 인종들과 더불어 새로운 정부를 구성할 튼실한 기초를 다질 수가 없다. 이런 일은 하나의 인종, 하나의 언어, 하나의 종교상에서 하는 것이 훨씬 수월하다. 지금 당장 이라크가 처한 문제는 정치적인 것이 아니라 종교적인 것이다. 역사적으로 수니파와 시아파 사이에는 끊임없는 공격과 보복이라는 암담한 악순환이 반복 되고 있다. 많은 인사들이 사담 후세인 이전에는 시아파와 수니파가 어떻게 서로 함께 살아왔기에 지금 저렇게 서로를 죽이지 못해 안달을 할까라고 말한다. 무엇이 이런 변화를 야기했는지 지금부터 설명할 것이다.

사담 후세인이 독재 정치를 펴고 있을 당시에 시아파는 그에 대항하여 싸울 히즙 앗 다와(Hizb at Dawa)라고 불리는 원리주의 단체를 결성했다. 이 그룹의 대부분의 지도자들은 미국이 사담 후세인 정부를 공격하기 이전에 모두 이라크를 탈출하여 해외로 망명을 했다.
사담이 멸망하자 몇몇 이들 시아파 원리주의자들은 이라크로 돌아와서 모크타다 알 사드르(Moqtada al Sadr)와 그의 알 마흐디(Al Mahdi)군에 잠입한 것으로 보인다. 그들은 수니파에 공격을 가하기 시작했다. 동시에 히즙 앗 다와의 최고 지도자들은 새로운 정부 내에서 활동을 하기 시작했다. 이 그룹의 전 지도자였던 이브라힘 자피리(Ibrahim Jafeeri)는 이라크의 제 2대 수상이었으며 이 그룹의 부사령관인 노리 알 말리키(Nori al Maliki)가 지금의 제3대 이라크 수상을 맡고 있다.
이것이 바로 사담 시대에는 찾아볼 수 없었던 소요사태가 악화되고 있는 이유이다. 사담 치하에서는 수니파는 이라크 원리주의단체에서 결성하지 않고 있었다. 대신에 수니파의 이익은 중도적인 바아트당이 대변하고 있었다. 사담이 몰락하자 이전의 바아트당 당원들이 알 카에다의 지원 하에 수니파 원리주의 단체를 결성했다. 다시 말하면 무슬림 수니 원리주의자들이 다른 나라에서 들어와 그들과 연합군을 형성한 것이다. 원리주의자들은 대단히 성공적으로 이라크 내에서 추종자들을 끌어 모을 수 있었는데 이는 그들이 성공적으로 이 전쟁을 이슬람과 기독교의 전쟁이라는 구도로 몰아갈 수 있었기 때문이다.

간단하게 말하면 이전의 시아파 지도자들이 이라크 정부를 이끌어가고 있는데 대하여 수니파가 격분하였기 때문에 시아파와 수니파 사이에 이라크 내에서 내전이 발생한 것이다. 전쟁은 종교와 복수 때문에 발생한 것이지 더 이상 정치적인 이유는 아니다. 죽음의 군대가 양 진영으로부터 태어난 것이다.

이도록 유혈이 낭자한 전쟁에서 어느 정도 벗어난 지역이 있는데 이곳이 바로 북부지방이다. 쿠르드족은 북부 이라크의 다수를 이루며 그들은 문제를 만들지 않는다. 북부에서 발생하고 있는 문제는 그 지역에 거주하고 있는 소수 수니파들이 일으키고 있다.

바그다드가 지니는 종교적 위상

나는 서방세계 사람들이 바그다드와 이라크가 역사적 그리고 종교적으로 무슬림들의 마음속에 차지하고 있는 위상을 얼마나 잘 이해하고 있는지 모르겠다. 바그다드는 이슬람의 다섯 수도인 카이로, 메디나, 다마스커스, 바그다드, 예루살렘 가운데 하나이다. 바그다드의 몰락은 중동 사람들에게 1924년에 있었던 터키 이슬람 왕국의 몰락을 되살리게 했다. 그것은 경천동지할 대 사건이었다.

무슬림세계에 살고 있는 사람들의 생각에는 바그다드와 이라크는 이제 그들의 눈에 기독교의 국가로 비치고 있는 나라(미국)와 그 나라를 지원하고 있는 또 다른 기독교 국가(영국)에게 점령당한 것과 같다. 그들에게는 이 사건이 마치 이슬람 국가를 향하여 서방세계가 일으킨 제2의 십자군 원정으로 느껴진다(미국의 부시 대통령이 9·11 사태 직후 그저 의미적으로 테러리즘에 대항하여 '십자군원정'을 단행하겠다고 내뱉은 그 말실수와 는 전혀 관계가 없다).

이런 상황은 원리주의자들이 이슬람을 위하여 싸워줄 전사들을 모집하는데 일조한다. 무슬림 세계 곳곳에서 모여든 이슬람 원리주의자들은 이라크로 잠입해 들어와서 미군에 대한 공격에 가담하고 있다. 그들은 서로 다른 인종이며 서로 다른 동기를 가지고 있지만 동일한 목적을 위하여 싸운다. 그 목적이란 '이교도'들인 미국을 자신들의 국가에서 몰아내고야 말겠다는 것이다.

이라크의 인접국가

이라크는 여섯 개의 나라로 빙 둘러싸여 밖으로 나갈 수 없도록 고립되어 있는 나라이다. 가장 위험스러운 국가가 서쪽으로는 시리아이고 동쪽으로는 이란이다. 그러나 터키, 사우디아라비아, 요르단도 문제를 일으킬 수 있는 나라이다. 쿠웨이트만이 우호적 국가일 뿐이다.

이라크 내에서 투쟁하기 위하여 시리아, 이란, 요르단, 사우디아라비아의 국경을 넘어 은밀히 탄약과 지하드의 전사들이 넘나든다. 터키는 자국민들이 터키와 이라크의 국경지대에 살고 있기 때문에 매우 민감한 위치에 놓여있다.

미군의 주둔 필요성

　민주주의를 세우기에는 다소 거친 장소이지만 미국은 이라크를 포기해서는 절대 안 된다. 미국은 이라크 상황을 통제할 수 있도록 장악 할 필요가 있다. 더 많은 군대를 양성해야 하고 이라크 정부로 하여금 나라를 통제하는 일에 더 힘을 쏟도록 종용해야 한다. 수니파, 시아파, 쿠르드 사이에 대화가 이루어지도록 지속적으로 노력도 해야 한다. 그들이 국가를 함께 경영할 수 있도록 합의하게 만들어야 하며 만일 미국이 외교적으로 이 세 그룹이 함께 머리를 맞대게 하는 데 실패한다면, 그들이 군사적인 면에서 합의를 이루도록 만드는 데도 실패할 것이다.

　미국은 원리주의자들 문제도 다루어야 한다. 그들 대부분은 민주주의를 철저히 거부하는 사람들이기 때문에 정치적인 해법을 모색하는 협상의 자리에는 결코 나서지 않을 것이다. 만약 이 원리주의자들이 미군에 대항하여 직접 전투를 개시한다면 미국이 그들을 물리치기는 쉬울 것이다. 그러면 그들은 일반 사회에 테러를 일으키는 전략으로 변경할 것이다. 이는 서로 다른 인종사이에 안정과 안전을 확보할 외교적 해법을 찾으려는 정부의 노력에 심각한 해를 끼칠 것이다.

　많은 사람들은 왜 원리주의자들이 사람이 많이 모이는 시장이나 주차장에서 자살폭탄을 감행하는지 의아해 한다. 그 자살폭탄의 대부분의 희생자들은 동료 무슬림들인데도 말이다. 모든 말을 다 접어두고, 꾸란에는 무슬림이 다른 무슬림을 살해하는 행위를 명확하게 저주하고 있다.

　　오, 너희 믿는 자들아! … 무슬림들을 죽이지 말지니라.　-꾸란 4:29, 샤키르 역

　원리주의자들은 이라크에서 행하고 있는 테러리즘을 정당화하기

위하여 공포 전략을 이용하고 있다. 그들의 눈에는 대부분의 시민들, 경찰, 국가의 군대조차도 민주주의를 수용하고 있으며 이교도 침략 세력(미국과 그 동맹군)에 동조하고 있는 것으로 보인다. 그가 누구이든 이와 같은 일을 저지르는 사람들은 이슬람을 배교하는 자들이므로 더 이상 무슬림이 아니다. 이들이 더 이상 무슬림이 아니며 적들에게 협조하고 있다고 생각하는 한 그들은 오직 적 일뿐이다. 꾸란에 의하면 무슬림들은 이슬람에 대항하여 싸우려는 자들과 맞서 싸워야 한다. 원리주의자들의 관점에서 보면 투쟁은 당연한 것일뿐만 아니라 의무이기도 한 것이다. 이러한 극단적인 원리주의자들은 학교를 세우고 일자리를 창출해 냄으로써 민심을 얻어야 한다는 의견 따위는 아예 안중에도 없다. 정치적 힘을 얻는 데는 평화의 길이 더욱 효과적인 전략일 수도 있지만, 그들은 그런 방법은 아예 고려도 하지 않을 것이다. 그들이 만일 민주주의 사회를 발전시켜보려고 노력한다면 그런 행위는 그저 이교도와의 동거이며 이교도 정부의 수용이라는 의미를 가질 뿐이다.

원리주의자들은 공포 전략을 구사한다. 이것은 무함마드가 불신자들과 전쟁을 벌일 때에 사용했던 전략이기도 하다. 꾸란은 말한다.

곧 나는 불신자들의 마음에 공포를 가할 것이니라.   - 꾸란 3:151, 알리 역

너희 알라가(메시지로) 천사들을 격려하던 일을 기억하라. 나는 너와 함께 있노라. 불신자들에게 견고함을 보일지니라. 나는 불신자들의 마음에 공포를 심어놓을 것이니"   - 꾸란 8:12, 알리 역

적들과 대항하려면 너희가 가진 모든 군대와 말을 총 동원하여 적들(의 마음속에)에게 공포를 불어 넣도록 하라.   - 꾸란 8:60, 알리 역

원리주의자들은 대중에게 공포를 심어 주어 무력으로 정부를 탈환하고 싶어 한다. 그들은 "만일 정부를 무력으로 탈취하려는 우리의 일에 반대한다면 너희는 고통을 당할 것이다" 라고 말한다. 그들의 목표는 이슬람 율법에 의한 이슬람 정부를 세우는 것이다.

만약 미국이 이라크를 홀로 남겨놓은 채 너무 일찍 철군하면 내가 믿기에는 모크타다 알 사드르(Moqtada al Sadr)와 같은 시이파 군대가 힘으로 정부를 장악할 것이다. 그러면 수니파는 그것을 반기지 않을 것이기 때문에 결국 이는 참담하고 끝이 없는 종교적 내전을 불러일으킬 것이다. 이라크는 이로 인하여 자멸할 것이며 나중에 이를 복구하려면 수십 년의 기간이 소요될 것이다. 이는 20년간 지속된 레바논 내전보다도 훨씬 더 심각한 상황을 초래할 것이다.

내가 시아파가 이라크를 장악하리라고 믿는 이유는 국경을 맞대고 있는 이란이 이라크에 영향력을 행사하기 위하여 호시탐탐 기회를 엿보고 있기 때문이다. 미국이 이라크를 떠나는 순간이 이를 노리고 있는 이란이 움직이는 순간이 될 것이다. 이란이 시아파 군대를 지원하면 이라크도 이란과 같은 원리주의 국가로 전락할 것이다. 내가 믿기에는 이란 정부가 미군을 철군시키려고 미국을 압박하고 있는데 이는 그들이 모든 준비를 다 마쳤다는 뜻이다.

나는 이라크가 수니파 원리주의자들의 수중에 장악되지는 않을 것이라고 믿는다. 이란의 수니파는 결코 시아파들보다는 강할 수가 없다. 왜냐하면 그들을 적극적으로 지원해줄 강력한 동맹국이 주변에는 없기 때문이다.

다른 지역의 민주주의

미국이 비록 지금 당장 이라크에서 철수하지 않더라도 다른 중동 국가에서 민주주의를 세울 수는 있다. 오히려 이라크보다는 더 손쉽게 민주주의를 정착시킬 가능성이 높은 나라들이 있다.

서로 다른 언어를 사용하고 서로 다른 신앙을 가지고 있으며 서로 다른 이해관계를 가지고 있지 않은 나라들을 찾을 필요가 있다. 광신자의 국가이든 그렇지 않은 국가이든 너무 많은 나라에 둘러 쌓여있지 않은 나라를 찾아야 한다. 즉 이집트나 리비아 같은 나라를 택해야 한다는 뜻이다.

이집트의 민주주의

이집트는 동쪽과 북쪽이 모두 바다에 접해 있으며 서쪽으로는 리비아 그리고 남쪽으로는 수단과 국경을 맞대고 있다. 이집트의 인접국들은 민주주의를 정착시키는데 아무런 영향력도 행사하지 못할 것이다.

이집트는 단지 두 그룹의 서로 다른 사람으로만 구성되어 있다. 즉 무슬림과 기독교이다. 기독교는 제일 먼저 민주주의를 환영하고 지지할 것이다. 더욱이 주류 무슬림은 중도적 입장을 가지고 있으며 가장 자유주의적이고 민주주의에 대한 아무런 거부감도 가지고 있지 않다.

서방세계가 직면해야 할 유일한 도전은 소수에 불과한 이슬람 원리주의일 것이다. 그리고 이 소수그룹은 이들을 처리하기 위해 15만 명이나 되는 군대를 파견하지 않아도 될 그런 숫자이다. 이집트 정부는 오랫동안 그들을 잘 통제해왔다.

더구나 미국은 1979년 이래 연 약 10~20억 달러의 원조를 이집트에 제공하고 있다.[1] 미국이 할 일이란 그저 무바라크(Mubarak) 대통령에게 "우리는 당신나라에 더 많은 원조를 제공하기를 원합니다. 우리는 귀국 정부와 귀국의 경제를 돕고 싶습니다. 그리고 우리는 귀국이 한 가지만 우리를 돕게 되기를 바랍니다. 다름 아니라 당신나라에 진정한 민주주의를 정착시켜 주십시오. 우리는 귀하의 뒤에서 귀하를 도울 것이므로 반드시 성공하실 것입니다" 라고만 말하면 된다.

이집트는 아랍세계의 중심지로 알려져 있다. 그러므로 이집트에서 민주주의가 성공한다면 단 한 발의 총탄도 허비하지 않고 민주주의가 전 아랍 국가들에게 전파될 것이다. 이것은 마치 돌 하나를 연못에 던져서 그 파문이 사방으로 퍼져 나가는 원리와 같을 것이다.

리비아의 민주주의

리비아와 같은 나라도 민주주의를 시험하기에 적절한 국가 중의 하나이다. 리비아는 서쪽의 바르바르스(Barbars)라고 불리는 소수 그룹과 남쪽의 사하라 아프리카 민족의 후손인 소수그룹을 제외하면 거의 아랍인으로만 구성되어있는 국가이다. 이 소수 민족은 그 수가 매우 적어서 문제가 되지는 않을 것이다.

리비아는 악명 높은 독재자인 무암마르 알 카다피(Muammar al Qaddafi)의 통치하에 있는 국가이다. 그러나 그는 미국의 대(對) 리비아 정책에 매우 민감한 사람이다. 미국의 이라크 침공이 성공하자 그는 자신의 핵무기 정책을 포기할 것을 세계에 선언하였으며 서방

---

1. Charles Levinson, "$50 Billion Later, Taking Stock of U.S. Aid to Egypt£·" Christian Science Monitor, April 12, 2004, http://www.csmonitor.com/2004/0412/p07s01-wome.html (accessed June 11, 2007).

사회 특히 유럽, 영국 그리고 미국과 더불어 핵무기 문제를 해결하겠다고 말했다. 미국은 이에 호응하여 즉각 리비아를 테러지원국 명단에서 제외함은 물론 국교를 정상화한 후 리비아의 수도인 트리폴리에 대사관을 개설했다.

그렇지만 카다피의 민주주의에 대한 개방은 서방사회가 그 나라에 더욱 깊이 개입하지 않으면 곧 시들어 버릴 것이다. 카다피는 핵을 포기하는 대가로 그가 이미 받은 이익보다는 더 많은 것을 받고 싶어 한다. 그런데 이후 이란이 세계의 요구를 일축하고 핵무기 프로그램을 지속시키고 있는 것을 목격했다. 내가 짐작하건대 그는 너무 일찍 핵무기 프로그램을 포기한 것에 대하여 아마 후회하고 있을 것이다. 그가 미국과 유럽이 자기에게 한 약속을 지키지 않고 있다고 불평하는 것을 보면 이를 짐작할 수 있다.

유럽과 영국 그리고 미국은 카다피를 달랠 필요가 있다. 그를 자국에 초청하여 그와 함께 우호적인 관계를 만들어야 한다. 서방세계는 카다피의 성격과 그의 사고방식을 알아야 한다. 그는 젊은 시절에 군사 쿠데타를 일으켜 권좌에 앉은 후 지금까지 리비아의 최고 통치자의 자리를 지키고 있다. 30년이 넘는 기간이다. 그 동안 그는 마치 방향을 잃고 날뛰는 그런 모습이었다. 채찍을 들지 않고 말을 타는 형상이랄까! 15년 전 그는 '청사진'을 내 놓았는데 이는 리비아에 새로운 정치 시스템을 구축하기 위한 것이었다. 그것은 시장개방과 공산주의 그리고 독재가 혼합된 그런 형태였다. 손을 들어 이런 정책들에 대해 질문을 하면 카다피는 서슴지 않고 그 손을 잘라버릴 것이 분명하기 때문에 리비아에서는 아무도 의문을 제기 할 수 없다.

그러나 카다피는 바깥세상의 다양한 정치 시스템을 자기에게 소개해 줄 동반자가 외부에 있다면 그에게 기꺼이 귀를 기울일 것이라고 나는 믿는다. 그 앞에 좋은 계획을 제시하고 거기에 따르는 인센티브만 충분하다면 그는 자기 나라에 민주주의를 받아들일 것이라고 나는 확신한다. 이러한 일을 하는 데는 단 한 명의 미군 병사도 필요하지 않다.

리비아의 국경은 리비아에 민주주의를 정착시키는 데 별 위협이 되지 않을 것이다. 리비아는 북쪽은 지중해에 접해 있으며 동쪽에는 이집트가 자리 잡고 있다. 남쪽으로는 니제르, 차드, 수단 그리고 서쪽으로는 튀니지와 알제리가 있다. 가장 문제가 될 가능성이 높은 곳은 알제리 국경이 될 것으로 보이는데 알제리 내부에서 원리주의자들과 중도 정부 사이에 내전이 지속되고 있기 때문이다. 그러나 카다피는 과거의 치적으로 볼 때 국경을 잘 관리 할 수 있을 것이다. 원리주의자들이 여러 번 그의 권좌를 노렸지만 그는 이들을 잘 물리쳤다.

결론

이라크는 국내에 살고 있는 민족의 다양성과 이슬람세계에서 가지고 있는 종교적 위상 그리고 그 인접국들로 인해 민주주의를 정착시키기에 매우 어려운 나라이다. 서방세계는 이라크에서 노력을 기울이는 한편 이집트와 리비아와 같은 중동의 좀 더 개방적인 나라에 민주주의를 확산시키기 위한 노력을 병행하여야 한다.

제16장

정·종분리(政·宗分離)

　서방세계가 중동 국가에 민주주의를 심기 위하여 분주히 움직일 때 반드시 잊지 말아야 할 사항은 민주주의 자체 만으로서는 인간의 자유와 권리를 보장할 수가 없다는 점이다. 민주주의만으로 종교와 정치를 분리할 수 없다. 이러한 사실은 이란을 보면 알 수 있다.

　미국과 이란은 모두 공화국이다. 공화국이란 말은 웹스터 사전에 의하면 '국가의 최고 권력이 선거권을 가진 국민에게 있고, 법률에 따라서 국가를 통치하되 선출된 공무원과 대표자가 이를 집행하는 국가 형태'라고 되어 있다. 그러나 이란은 서방세계 사람들이라면 자기들의 나라가 시행하고 있는 민주주의 시스템과는 전혀 다르다고 밖에 할 수 없는 이슬람 방식의 공화국 형태를 운영하고 있다.

　여러분은 무슬림 국가의 원리주의자들이 공공연히 꾸란을 자기들의 헌법이라고 주장하는 소리를 들을 것이다. 여러분이 만약 단

한 번이라도 꾸란을 읽어 보았다면 어떻게 이것을 가지고 국가를 경영할 수 있다는 말인지 의아해 할 것이다. 오늘날의 이란은 국가의 조직을 세우는 기초인 헌법을 꾸란으로 채택하여 국가를 경영하고 있는 나라의 대표격이다. 이제 우리는 이란의 헌법을 검토하고 이슬람 정부가 어떻게 기능을 발휘하고 있는지 알아볼 것이다.

이란의 헌법

독자 여러분이 만약 이란의 헌법을 읽어볼 기회가 있다면 (인터넷에서는 손쉽게 접할 수 있다) 미국에서 채택하고 있는 것과 동일한 공화국 조항이 있다는 점을 발견할 수 있을 것이다. 예를 들면 국민들이 선출한 의원과 대통령 그리고 다양한 계층에 있는 국민들의 자유보장, 사법시스템 등이 그것이다.

그러나 이러한 모든 기능들은 이슬람의 교리에 의해 명시적으로 제한된다는 점 또한 알 수 있을 것이다. 헌법 제1조는 '종교와 정치가 어쩌면 분리되어 있을지도 몰라' 라는 기대를 깨끗이 일소한다.

이란은 이슬람공화국이며 이는 꾸란의 정의와 절대 진리에 대한 장구한 믿음에 기초를 둔 이란 국민이 승인한 국가 형태이다.

종교와 정치가 이란에서는 도저히 분리될 수 없도록 잘 연계되어 있다. 이러한 사고방식은 이란 정부의 공무원을 선출하는 방식에 그대로 반영된다. 예를 들어 헌법에 의하면 이슬람의회(Islamic Consultative Assembly)를 두게 되어 있는데 270명의 의원으로 이루어진다. 그러나 헌법에서는 이 의회의 의원이 될 수 있는 비 무슬림의 숫자를 규정하고 있다.[2] 그래서 이 270명 중에서 조로아스터교 교도

---

2. Ibid.article 64.

와 유대인을 합쳐서 한 명, 칼데아 기독교인(Chaldean Christians) 한 명, 북부의 아르메니안 기독교인(Armenian Christians) 한 명을 선출할 수 있다. 다시 말해서 270명의 의원들 가운데서 비 무슬림을 대표하는 의원은 단 3명에 불과한 것이다.

이 세 명의 의원들은 입법 활동에 거의 영향력을 행사할 수 없다. 예를 들면 새로운 입법안을 상정하려면 15명의 의원이 찬성해야 한다.[3] 그런데 비 무슬림 의원은 단지 세 명뿐이므로 의회에 새로운 법안을 상정하는 일조차도 불가능하다. 이슬람 공화국에서는 선거가 공정한 대표성을 보장하지 않는다.

비록 이슬람자문의회가 법안을 가결하더라도 이 법안은 12명으로 구성되어 있는 감독위원회(Guardian Council)라 불리는 이슬람 율법 전문가들이 승인해야 한다. 12명의 감독위원 중 6명을 최고지도자(Supreme Leader)가 임명하며 나머지 6명은 사법권의 수장이 지명하는 무슬림 율법학자가운데서 이슬람자문의회가 선출한다.[4] 감독위원회의 임무는 어떠한 법률도 이슬람 율법 원칙에 배치되지 않게 만듦으로써 율법의 제정에서 알라가 가지고 있는 배타적인 권리[5]를 수호하는 것이다. 헌법은 다음과 같이 규정하고 있다.

이슬람자문의회를 통과한 모든 입법안은 감독위원회에 회부되어야 한다. 감독위원회는 이 법안을 수령한 날로부터 최대 10일 내에 검토하여 이슬람 원칙과 헌법과의 합치 여부를 확정하여야 한다. 위원회가 이 법안의 불합치 조항을 발견하였을 때에는 의회로 반송하여 재검토하게 하여야 한다. 그렇지 않으면 본 법안은 유효한 것으로 간주한다.[6]

---

3. *Ibid., article* 74. / 4. *Ibid., article* 91. / 5. *Ibid., article* 2. / 6. *Ibid., article* 94.

결론적으로 말해서 이슬람 방식의 공화국은 여러 가지 형태로 국민의 권리를 제약하고 있다.

1. 알라는 궁극적으로 모든 정치적 권한을 가지는 주체로 인정되어야 한다. 정치와 종교는 한 몸이다.
2. 국민의 자치권은 이슬람의 교리를 따르도록 제한된다.
3. 비 무슬림들에게는 법률에 영향력을 행사할 수 있는 충분한 권한을 허락하지 않는다.

이슬람 방식의 국가의 목적은 가능한 한 전 방위적으로 이슬람을 보호하고 그 지위를 향상시키는데 있다.

미국의 공화국 체제

미국헌법도 공화국을 천명하고 있지만 종교적 제약은 없다. 달리 말하면 제각각 주에서 사람들이 상·하 양원의 의원을 선출하기 위하여 투표를 행할 때에는 사람들이 믿는 종교에 따라서 어떤 결정을 내리도록 요구 받지 않는다. 예를 들면 많은 무슬림들이 미국의 대통령은 기독교인이며 미국의 국민들은 모두 기독교일 것이라고 가정하고 있지만, 미국의 대통령이 반드시 기독교인일 필요는 없다. 이러한 가정은 무슬림들에게는 자기의 지도자는 반드시 무슬림이어야 한다는 무슬림의 관점에서 말하고 있기 때문에 나타나고 있는 현상이다.

미국 방식의 공화국과 이슬람 방식의 공화국 사이에는 다음과 같은 차이가 존재한다.

1. 신이 아니라 시민들이 정치 시스템의 최고 권력자 역할을 수행한다.
2. 시민이 제정한 법률은 신앙에 전혀 영향을 받지 않는다.
3. 공무원이 될 수 있는 자격은 종교적 신념에 제한 받지 않는다.

미국의 건국자 대부분은 자신들의 종교적 믿음을 실천하기 위하여 유럽을 떠나 미국으로 건너간 사람들이다. 이러한 상황에서라면 자신들이 믿고 있는 종교적 신념을 국가의 종교로 만들어 놓았을 법도 하지만 그들은 국교를 정하지 않음으로써 오히려 자신들의 종교의 자유를 보호하는 길을 선택했다.

결론

나는 중동의 궁극적인 목표는 정·종분리에 두어야 한다는 신념을 가지고 있다. 이러한 일은 단번에 이루어지지는 않을 것이다. 일반적인 무슬림들조차도 이 문제는 수용하지 않을 것이 분명하다. 그러나 나는 종교와 정치가 분리되어야만 이슬람을 더욱 자유스럽게 믿을 수 있다는 사실을 하루라도 더 빨리 그들이 깨닫게 되기를 간절히 희망한다. 그렇게 해야만 이슬람은 21세기를 향하여 성장할 수 있을 것이다.

SECTION 5

문화 충돌의 미래

제17장
지금으로 부터 50년 후

"지금으로부터 50년이 지났을 때 무슬림 세계와 다른 세계와는 어떠한 관계가 형성되어 있을까요?" 라는 질문을 줄곧 받아왔다.

그 대답은 중도 무슬림, 원리주의자 또는 독재자 중에 누가 이슬람세계를 다스리느냐에 따라 결정될 것이라는 것이다.

앞으로 50년이 지나면 독재자들은 더 이상 정권을 유지하지 못할 것이라고 생각된다. 독재자들이 권력을 유지하는 핵심적인 수단은 정보의 관리에 있다. 50년이 지나고 그 끝 무렵이 다가올 때쯤이면 미국은 더 이상 초강국이 아닐 것이다. 중국, 러시아, 유럽 연합과 같은 세력이 미국과 경쟁을 벌일 것이며 이러한 세력들은 테러리스트에게 지금 미국이 취하고 있는 것과 같은 강경책을 더 이상 사용하지 않을 것이다. 그러므로 원리주의자들은 정부에 대한 장악력을 강화하여 국가를 통제할 기회를 갖게 될 것이다. 중도 무슬림들의 지도력에 문제가 발생하면 득세할 가능성이 높아지는 쪽은 원리주의자들이다.

세계 3차 대전

이슬람 원리주의자들로 인하여 향후 50년 내에 세계가 위험에 직면할 가능성이 있다. 앞으로 20년 내에 이란은 핵무기를 보유할 수 있을 것이며 파키스탄은 원리주의자들이 장악한 나라가 되어 있을 것이다. 이러한 사태가 현실로 다가오면 세계대전은 쉽사리 발생할 수 있다. 이들 원리주의 정부가 이스라엘에 핵무기 하나만 사용하면 일은 시작된다. 만약 이스라엘이 이에 대응하지 못한다면 어쩌면 미국이 핵무기를 사용하여 이스라엘을 방어하려 할 것이다. 이러한 연속적인 일련의 사태로 인해 세계는 어렵지 않게 3차 대전의 소용돌이에 휘말릴 것이다.

만약 무슬림 국가 중 어느 한곳이 핵무기를 사용하여 미국을 직접 공격하는 길을 택한다면 어떠한 사태가 발생할까? 9·11에 사용한 단순한 비행기 대신에 알 카에다가 핵무기나 화생방 무기를 사용하여 미국을 강타하면 어떻게 될까? 미국은 자국을 공격한 집단이 누구든지 상관하지 않고 그 공격자의 기지에 핵무기를 투하할 것이라고 나는 믿는다.

이러한 시나리오를 피할 수 있는 최선의 방법은 무슬림 사회에서 종교를 정치로부터 분리해 내는 것이다. 이것은 단순히 헌법상의 글귀를 바꾸는 것 이상의 근본적인 조치를 필요로 한다. 이러한 변화는 무슬림의 정신세계, 이슬람의 신학, 이슬람의 교리에서부터 일어나야 한다.

달리 표현하면 종·정분리는 정부차원에서 이루어져야 하지만 무슬림의 가슴속에서도 일어나야 한다는 말이다. 모든 이슬람 국가들이 중도 무슬림들에 의하여 통치를 받는다고 해도 이슬람의 교리는 여전히 종교와 정치는 분리할 수 없는 것이라고 가르치는 한 문제는 지속될 것이다. 그런 경우 무슬림들은 이슬람의 교리에 의해서 중도 정부에 반기를 들 것이기 때문이다. 중도 정부를 향한 분노로 인하여서 원리주의 과격 단체가 끝없이 양산되고 그들은 중도 정부를 무너뜨리고 이슬람 율법을 실천하기 위하여 투쟁할 것이다.

이슬람의 개혁

무슬림 세계에서 정치와 종교를 분리하는 일은 두 단계로 이루어져야 한다. 우선 새로운 이슬람 신학이 정립 되어야 하고 다음으로 이러한 신학을 사람들이 허용할 수 있는 방법으로 전파하여 알려야 한다.

새로운 이슬람 신학의 정립

새로운 신학을 정립하려면 꾸란과 하디스에 대한 새로운 해석이 필요하다. 정치와 종교를 분리 한다는 것은 모든 이슬람의 교리에 전혀 새로운 인식을 도입한다는 것을 의미한다.

미국과 서방세계에서 살고 있는 무슬림들이 이슬람권의 학자들과 서로 협력하여 이러한 새로운 꾸란의 해석을 개발하면 좋겠다는 것이 나의 희망이다. 지하드를 종용하는 꾸란의 구절과 장들로부터 시작하면 좋겠다. 여러분이 꾸란을 첫 장부터 마지막 장까지 읽어보면 약 60퍼센트의 내용이 무함마드와 그의 추종자들이 벌였던 지하드에 관한 내용인 것을 알게 될 것이다.[1] 몇몇 개방적 무슬림들은 그렇지 않은 것처럼 억지로 꾸며대려고 노력하고 있지만 여러분은 그렇게 할 수가 없을 것이다. 여러분은 그러한 사실을 인정해야 하며 지하드에 관한 구절들은 21세기에 걸맞은 의미로 재해석 되어야 한다.

예를 들면 현대 이슬람 학자들이라면 이슬람의 초기에는 믿는 자들은 그 수가 적었고 또한 많은 핍박을 받았으므로 자구책으로 지하드를 수행할 수밖에 없었다고 말할 수 있다. 그러나 지금은 세계 인구의 약 13억이 무슬림이다. 무슬림들은 이제 생존하기에 전혀 부족하지 않을 만큼 강력해졌다. 따라서 이제 지하드를 일으킬 필요는 없다. 오늘날의 지하드는 1200년대와 1300년대에 일어났던 이슬람 수피운동을 실례로 삼아야 한다. 물리적인 지하드는 과거에 있었던 역사적인 사건임을 인정하고 오늘날의 지하드는 신과 다른 이들과의 성스러운 관계를 맺기 위한 개인적인 영적 투쟁이라고 해석할 수 있을 것이다.

또한 무슬림 세계는 이슬람의 교리를 공개적으로 논의할 방법을 찾을 필요가 있다. 무슬림은 아무런 질문도 없이 알라와 이슬람의창시자 무함마드에게 복종하도록 프로그램 되어왔다. 만약 무슬림 사회의 어느 사람이 이슬람에 대하여 의문을 제기하면 나머지 모든 사람들이 나서서 그들 저주하고 입을 다물도록 만든다. 무슬림의 언론도 토론을 전개하기에 안전한 곳이 아니다. 그러므로 세계는 무슬림들이 꾸란과 하디스를 재해석하는 방법을 토론하는 안전한 토론의 장을 마련해 주어야 할 필요가 있다.

---

1. This is my personal estimate based on my understanding of the Quran. It was also previously published in my book Islam and Terrorism (Lake Mary, FL: Charisma House, 2002).

새로운 신학의 전파

새로운 이슬람 신학이 탄생했다고 해도 그것을 무슬림들에게 전파하여 그것에 동의하게 만드는 일은 정말로 큰 문제가 아닐 수 없다. 꾸란의 재해석 결과를 사람들에게 가르치려면 그 일을 하기에 적절한 사람을 택해야 한다. 개방적인 사고방식을 가진 사람이 이 일을 하려고 하면 열성무슬림이나 개방주의자들을 무조건 싫어하는 일반 무슬림들은 그 교리에 반대할 것이 뻔하다. 주도권은 일반 무슬림의 존경을 받고 있는 열성무슬림으로부터 나와야 한다. 만약 알 자지라TV의 쇼에 출현하여 대중의 인기를 누리고 있는 유세프 카라다위 같은 사람이 그런 운동을 이끈다면 결과가 좋을 것이지만 이와 같이 높은 사회적 지위를 누리고 있는 사람이 이런 어려운 일을 기꺼이 맡으리라는 보장은 절대 없어 보인다.

미래의 보장

무슬림 사회에 도입할 수 있는 최선의 정책은 미국과 그 동맹국들이 가능한 한 많은 성공적인 민주주의 국가를 중동에 세워서 그들을 지원하는 것이다. 그렇게 하여 이슬람 율법을 쫓아 선량한 사람들로부터 인간의 권리와 자유를 박탈해가는 원리주의 무슬림들에게 사람들이 투표하지 않도록 만드는 일이 도전해볼 만한 일이 될 것이다. 사고의 혁명이 무슬림 세계에서 일어나 무슬림들로 하여금 새로운 이슬람 신학을 정립하게 하고 그것을 가르쳐 정치와 종교를 분리하게 만들어 내는 일에 희망을 건다.

지금으로부터 50년이 흘러 만약 중도 무슬림들이 정권을 잡게 되면 무슬림 세계와 나머지 세계와의 관계는 훨씬 개선될 것이다.

제18장
아이디어 전쟁

이슬람세계가 안정과 평화와 번영을 누릴 수 있는가는 무슬림들이 정치와 종교의 분리를 받아들이는가에 달려있다. 이러한 싸움은 탱크와 총으로써 이루어지는 것이 아니다. 이러한 전쟁은 무슬림세계와 서방세계의 언론매체를 통해 치러지는 아이디어와 정보의 전쟁이다. 전 세계를 향하여 쏟아내는 불완전한 진실과 거짓 정보가 양측 언론매체에 난무한다. 그러므로 양측 모두가 서로를 올바르게 이해하려는 자세가 무엇보다 중요하다.

무슬림 세계

무슬림세계는 자신들이 살아가고 있는 삶의 방식이 다른 세계의 사람들이 살아가고 있는 삶의 방식과는 어떠한 차이가 있는지 이해할 필요가 있다. 그들은 다른 세계의 사람들 특별히 유럽과 신대륙의 사람들(미국, 캐나다, 오스트레일리아, 뉴질랜드, 남아메리카)이 무슬림들은 지니지 못한 지금과 같은 형태의 안정과 평화에 어떻게 하여 기여할 수 있었는가에 대하여 물어볼 줄 알아야 한다. 그러한 안정과 번영과 평화는 종교를 정치에서 분리해 내었기 때문에 가능한 것이었다. 무슬림세계의 언론매체는 다른 세계에서 돌아가고 있는 참 모습과 그들의 신앙과 또 삶의 방식을 정직하게 보도해야 한다. 그럼에도 불구하고 이슬람의 언론매체는 거짓과 선전 문구로 가득 차 있다. 정보의 자유가 전혀 보장되어 있지 않은 것이다. 대신에 권력을 쥐고 있는 집단이 정보를 통제함으로써 사람들을 통제하는 수단으로 활용하고 있다.

무슬림세계와 정보전을 치르기 위해서는 그들의 언론매체의 채널이 어떻게 운영되고 있는지 파악할 필요가 있다. 이제 다양한 형태의 언론매체와 그들이 사람들에게 주입하고 있는 거짓을 살펴보기로 하자.

관영 언론매체

이슬람세계에는 관영 언론매체 또는 원리주의 언론매체라는 두 가지 형태의 언론매체만이 존재한다.

관영 언론매체로는 걸프 6개국 가운데 한 나라인 카타르에 본부를 두고 있는 가장 큰 영향력을 자랑하는 알 자지라 그리고 사우디아라비아의 알 아라비야(Al Arabiyya)가 포함되어 있다. 기타 유명한 텔레비전 방송국으로는 LBC(레바논 국영 방송)와 나일 방송(이집트 방송국)이 있다. 또한 모든 국가에는 자국의 신문사와 잡지사가 있다.

아랍의 언론매체는 대중의 이익을 방어하거나 대중과 국가 사이에 균형을 유지하는 데는 아무런 관심이 없다. 이러한 사고방식은 독재정치 하에서 그리고 이슬람 파시즘 가운데서 발생하여 형성된 것이다. 언론매체는 독재 정부가 자기들에게 하라고 하는 일을 실천할 뿐이다.

관영 언론매체의 논조는 통상적으로 국수주의적이며 자국의 정부를 대변한다. 예를 들면 독재 국가에서는 언론매체들이 독재자를 영웅으로 미화하기 위하여 최선을 다한다.

관영 언론매체가 특별히 미국과 거의 모든 유럽 나라들에 관하여 보도할 때에는 이들에 관한 나쁜 이미지를 만들어내도록 보도한다. 그들은 결코 미국이 아랍 국가들과 무슬림들을 위하여 행한 우호적인 일들을 인정하지 않는다. 예를 들면 이 매체들은 NATO와 미국이 그들의 군대를 투입하여 어떻게 세르비아 지도자인 슬로보단 밀로세비치(Slobodan Milosevic) 치하의 유고로부터 무슬림들을 어떻게 구출해 냈는가를 보도하지 않았다.

무슬림들이 유고에 살고 있는 자기들의 동족을 위하여 애타게 도움을 찾아 부르짖고 있을 때에 관영 언론매체들은 이라크의 독재자 사담 후세인이 무슬림의 학살을 일삼고 있던 밀로세비치와 대단히 긴밀한 사이에 있다는 사실을 전혀 보도하지 않았다. 대부분의 언론매체들은 사담 후세인이 무함마드의 가계와 연결되어 있다는 사실을 들어 그가 아랍과 무슬림들을 보호하는 사람이라고 늘 추켜세웠다.

더욱이 미국은 러시아의 아프가니스탄 정복군에 대항하여 싸우고 있던 아프가니스탄의 무자헤딘(mujahedin)을 지원했다. 미국의 도움에 힘입어 무자헤딘은 러시아가 아프가니스탄으로부터 철수하도록 만들었다. 이슬람 언론은 이것도 물론 보도하지 않았다.

무슬림들이 아시아에서 쓰나미로 재해를 당했을 때, 미국과 서방국가들은 원조를 보냈다. 그러나 걸프 국가들은 자기들의 형제들인 인도네시아의 무슬림들과 다른 아시아 국가의 무슬림들을 위하여 오일머니(Oil Money)를 풀지 않았다. 무슬림들은 이 사실을 알 필요가 있다.

중요한 사실은 무슬림들은 다른 세계에서 일어나고 있는 사건들에 관하여 완전히 왜곡된 정보를 얻게 된다는 점이다. 서방에 대하여 가지는 그들의 의견이나 태도는 부정확한 정보에 기초를 두고 있다.

급진주의 언론매체

급진주의자들은 이슬람세계에 영향력을 행사하기 위한 수단으로 자신들의 언론매체를 운영하고 있다. 잡지사와 신문사 그리고 인터넷 웹사이트가 있다. 레바논에 소재한 알 미나르(Al Minar)는 폭력적 급진주의자들인 헤즈볼라가 운영하고 있다. 전 세계의 무슬림들을 상대로 급진주의자들을 모집하기 위하여 특별히 알 카에다는 웹사이트를 잘 활용하고 있다.

급진주의자들의 통제를 받지 않고 있는 이슬람 언론매체조차도 급진 원리주의자들과 기꺼이 협조한다. 9·11 이후 알 자지라 TV는 알 카에다와 기타 급진주의자들의 전용 채널인 것처럼 되었다. 이들은 급진주의자들과 같은 소리를 내며 그들을 동정한다. 그들은 오사마 빈 라덴이나 아이만 자와히리(Ayman Jawahiri)로 부터 비디오테이프를 넘겨받아 세계를 향하여 방영한다. 알 아라비아도 같다.

아프가니스탄 주재 알 자지라 특파원인 타이시르 알루니(Tayseer Alouni)는 9·11 이후 빈 라덴과 인터뷰를 할 수 있는 유일한 사람이었다. 나중에 그는 알 카에다와 협력했다는 혐의로 체포되어 시민권을 가지고 있던 스페인에서 재판을 받았으며 7년의 금고형을 언도 받았다.[1]

미국의 이미지 회복

---

1. International Freedom of Expression Exchange, "Spain: Supreme Court Upholds Conviction of Al-Jazeera Journalist£" http://www. ifex.org/ en/ content/view/full/7 4905/(accessed June 11, 2007).

이와 같은 언론매체들의 거짓 보도로 인해 이슬람세계에 형성된 미국과 서방에 대한 왜곡된 이미지를 개선하여야 한다. 이런 목적을 달성할 수 있는 방법 중 하나는 중동의 다른 언론매체들과 경쟁을 통해 그 언론매체들이 공정한 보도를 할 수 있도록 자극을 줄 수 있는 비편파적 형태의 언론매체를 이곳에 세우는 것이다. 나는 이들이 미국을 위하여 일하도록 자금을 지원하라는 뜻이 아니다. 절대 그런 것이 아니라 미국은 다만 관영 언론매체들을 향하여 그들이 여러 이슈와 문제들에 관하여 공정한 보도를 하도록 종용하라는 말이다.

예를 들면 미국은 이집트에 매년 원조를 제공하고 있다. 미국은 이집트 정부에게 언론매체의 교육을 위하여 이 돈의 일부를 사용하도록 권고할 권리가 있다. 이런 종류의 프로그램은 가칭 미·이집트언론협의회(America Egypt Media Association) 정도로 부를 수 있을 것이다. 이것은 한 국가가 발전하도록 돕는 방법이 될 수 있다. 미국이 연 10~20억 달러나 들여 이집트를 먹여 살리고 있는 동안 언론매체들이 끊임없이 이런 미국의 노력을 깎아 내리고 있는데도 이를 방치하고 계속 갈 수는 없다.
서방언론들도 무슬림 언론매체들이 얼마나 무슬림 세계에 해악을 끼치고 있는지 폭로하여야 한다. 예를 들면 서방의 언론은 무슬림 언론에서 발견되고 있는 거짓 정보와 부족한 정보를 보도하기 시작해야 한다.

비 무슬림 세계

아이디어 전쟁의 제2전선은 비 무슬림 국가들 안에 형성되어 있다. 비 무슬림 국가의 국민들은 이슬람에 대하여 막연한 이해만을 가지고 있다. 이것은 좋은 종교라느니 무함마드도 예수처럼 훌륭한 사람이라느니 하는 정도이다. 그들은 무슬림들이 매우 영적이며 평화를 사랑하는 사람들이라고 생각한다. 그들은 열심히 기도하고 한 달이나 되는 긴 기간을 금식하며 지내는 신앙생활을 하기 때문이다. 비무슬림들은 이슬람의 모든 교리를 철저히 접해 볼 필요가 있다.

나의 저서들의 일관된 목적은 그러한 막연한 이해를 제거하여 진실에 입각한 이해를 갖도록 안내해주는 데 있다. 서방세계가 이슬람을 평화의 종교라고 이해하고 있는 한, 이들은 잠재적인 위험에 대하여 소극적일 수밖에 없다. 그러한 위협이 바로 눈앞에 도사리고 있다는 사실을 미국과 서방 세계에 경고하는 것이 나의 의무라고 생각한다. 이슬람은 서방세계에 아무런 위협을 가하지 않는 여타의 일반적인 종교와 같은 그런 종류의 종교가 아니다. 문제는 일부 광신적인 급진주의자들만의 전유물이 절대 아니다. 문제는 어떤 특정한 개별적 정부에 의해서만 발생 되는 것도 아니다. 진짜 문제는 1천4백년이나 지속되어오고 있는 종교와 문화에서 기인하고 있는 것이다. 중요한 점은 이것이 단기간에 간단히 답을 얻을 수 있는 그런 문제가 아니며 장기간에 걸쳐 큰 스케일에서 답을 구해야 해결되는 그런 어려운 문제인 것이다.

나는 중도적이고 자유주의적인 무슬림들을 인간적으로 대우하기를 원한다. 그러나 여기에는 나를 수없이 괴롭히는 문제가 숨겨져 있다. 그들 중 많은 사람들이 이슬람의 모습을 평화롭고 사랑이 넘치는 거짓된 모습으로 서방세계에 나타내 보이고 있다는 점이다. 그들은 꾸란과 하디스 가운데서 온갖 아름나운 구절만을 인용하여 말하고 있다. 그러나 그들은 그러한 좋은 구절들만을 나열해서는 꾸란과 하디스의 실체를 올바르게 보여줄 수 없다는 사실은 설명하지 않고 있다.

여러분 앞에 아주 긴 자가 하나 주어져 있다고 하자. 꾸란으로부터 좋은 구절들을 뽑아 그것을 자의 한 쪽 면을 따라 한 줄로 쌓아 올리고 다른 한 면을 따라서는 지하드와 이슬람 율법에 관한 가르침을 뽑아 쌓아 올린다면 좋은 구절들은 아직 바닥에서 머무르고 있는데 반해 지하드에 관한 구절들은 천정을 뚫고 하늘을 향해 솟아날 것이 분명하다. 중도주의자와 자유주의자들은 지하드와 이슬람 율법에 대한 교리를 어떻게 재해석할 수 있는지 설명할 필요가 있다.
서방세계는 이슬람 신학에 관한 실제적 문제점들을 인식하여야 하며 이 문제에 대하여 무슬림 사회가 새로운 해석을 들고 다가오도록 유도하여야 한다.

에필로그

문화 충돌을 해결하는 방법

이제 이 책의 핵심을 정리한다.

이 책에서 나는 무함마드가 창시한 이래 아랍 세계에서 유지되어온 7세기의 이슬람 문화를 있는 그대로 독자에게 보여 주었다. 또한 나는 이런 교리가 어떻게 세대와 세대를 걸쳐 전해져 내려와서 오늘의 이슬람세계를 지배하게 되었는지도 말했다. 사실 이 문화는 7세기에 형성된 이래 조금도 변화하지 않은 채 1천4백년을 내려왔다. 다양한 그룹의 무슬림들이 현대화를 위하여 움직이기 시작하면 원리주의 근본주의자들은 그늘의 발목을 잡아 7세기로 되돌려 놓았다. 그리하여 이슬람의 문화를 보면, 꼭 명심하기를 바라는데, 과거에 그랬기 때문에 현재도 이래야 한다(It is because it was) 는 것이다.

이 책에서는 7세기의 이슬람 문화를 소개했기 때문에 이 지식을 가지고 개별적인 무슬림들을 고정 관념으로 묶어놓지 않기를 바란다. 모든 사람들은 다 나름대로의 독특한 개성을 지니고 있다. 그리고 각자는 자신이 행하는 행위로 판단을 받아야 한다. 이 책의 목적은 이슬람 사회가 하나의 전체적인 단위로서 어떻게 작동하고 있는지를 독자에게 이해시키는데 있다.

어떤 자유주의 무슬림은 인간의 권리가 이미 7세기에 인정되었다거나 지하드는 대부분 내적인 투쟁이었던 척 가장하고 싶어 한다. 이것은 과거에 대한 거짓된 증언이다. 이런 전략은 오직 서방인들에게나 효과가 있을 것이다. 왜냐하면 일반적인 무슬림들은 이런 사실을 더 잘 알고 있기 때문이다.

변화는 이슬람 기원에 대한 진실을 알고 있는 무슬림 지도자들 안에서만 실현될 수 있다. 이들 지도자들은 현대 사회의 새로운 환경에 맞는 방법으로 진실을 재해석하여야 할 필요가 있다. 이런 일이 일어날 때에야 비로소 무슬림 사회는 종교를 정치에서 분리하여 종교와 언론의 자유가 보장되는 민주주의를 꽃피울 수 있다. 이는 이슬람세계가 현대의 서방 문화와 빚고 있는 갈등의 요소를 무슬림 문화로 부터 제거해 줌으로써 무슬림 문화가 세계에 대한 저주 대신에 축복이 되게 할 것이다.

참고 문헌

- Ahmed, Rifaat Sayed. *The Armed Prophet*. London: Riad EI-Rayyes Books, 1991. In Arabic.

- al-, Muhammad Sayyid Ramadan, *For Every Muslim Girl Who Believes in Allah and the Last Day*. Cairo, Egypt: AI-Azhar Student Society, 1982. In Arabic.

- al- Koly, AI-Be' hay. *Islam and the Modern Woman*. Kuwait: Pen House, 1984. In Arabic.

- Faraj, Abdul Salam. *The Abandoned Duty. Translated by* Habib Srouji. In Rifaat Sayed Ahmed. The Armed Prophet. London: EI-Rayyes Books, 1991.
- Kathir, Ibn. *The Beginning and the End*. Beirut, Lebanon: Revival of the Arabic Tradition Publishing House, 2001. In Arabic.

247

- ――. *The Quran Commentary*. Mansura, Egypt: Faith Library, 1996. In Arabic.

- Malik's Muwatta. Translated by 'A'isha 'Abdarahman at-Tarjumana and Ya'qub Johnson. Available through the USC-MSA Compendium of Muslim Texts, http://www.usc.edu/dept/MSA/fundamentals/ hadithsunnah/muwatta/.

- Qaradawi, Yusef, *A Modern Islamic Legal Opinion*. Beirut, Lebanon: Oli No'ha, n.d. In Arabic.

- Qutb, Sayyid. *Milestones Along the Road*. Delhi, India: Markazi Maktaba Islami.

- *Sahih Bukhari*. Translated by M. Muhsin Khan. Available through the USC-MSA Compendium of Muslim Texts,http://www.usc.edu/dept/MSA/fundamentals/ hadithsunnah/bukhari/.

- Sahih Muslim. Translated by Abdul Hamid Siddiqui. Available through the USC-MSA Compendium of Muslim Texts,http://www.usc.edu/dept/MSA/fundamentals/ hadithsunnah/muslim/.

- To'fa'ha, Ahmed. Women and Islam. Beirut, Lebanon: 1985

이슬람이 몰려온다 6

이슬람, 서방세계와 문화충돌

지은이   마크 A. 가브리엘
옮긴이   최상도
만든이   하경숙 정

만든날 2009년 11월 20일 1판 1쇄 발행
펴낸날 2009년 12월 1일

만 든 곳   글마당
등   록   제 02-1-253호(1995. 6. 23.)

서울강남사서함 1253호 우135-612
전 화   02)451-1227
팩 스   02)6280-9003
E-mail   12him@naver.com

                                값 13,000원

ISBN 978-89-87669-52-6 93230
ISBN 978-89-87669-48-9(세트)